도형이 도리도리

VICIOUS CIRCLES AND OTHER SAVAGE SHAPES
by Kjartan Poskitt, illustrated by Philip Reeve

Text copyright © 2002 by Kjartan Poskitt
Illustrations copyright © 2002 by Philip Reeve
All rights reserved.
Korean translation copyright © 2008 by Gimm-Young Publishers, Inc.
This Korean edition was published by Gimm-Young Publishers, Inc. in 2007
by arrangement with Scholastic Ltd. through EYA(Eric Yang Agency), Seoul.

이 책의 한국어판 저작권은 EYA(Eric Yang Agency)를 통해 Scholastic Ltd.와
독점계약한 (주)김영사에 있습니다. 저작권법에 의하여 한국 내에서 보호를 받는
저작물이므로 무단 전재와 복제를 금합니다.

앗, 이렇게 재미있는 수학이!

도형이 도리도리

샤르탄 포스키트 글 | 필립 리브 그림 | 김은지 옮김 | 김화영 감수

주니어김영사

도형이 도리도리

1판 1쇄 인쇄 | 2008. 1. 15.
개정 1판 1쇄 발행 | 2019. 12. 5.
개정 1판 4쇄 발행 | 2024. 9. 11.

샤르탄 포스키트 글 | 필립 리브 그림 | 김은지 옮김 | 김화영 감수

발행처 김영사 | 발행인 박강휘
등록번호 제 406-2003-036호 | 등록일자 1979. 5. 17.
주소 경기도 파주시 문발로 197(우10881)
전화 마케팅부 031-955-3100 | 편집부 031-955-3113~20 | 팩스 031-955-3111

값은 표지에 있습니다.
ISBN 978-89-349-9820-4 74080
ISBN 978-89-349-9797-9 (세트)

좋은 독자가 좋은 책을 만듭니다. 김영사는 독자 여러분의 의견에 항상 귀 기울이고 있습니다.
전자우편 book@gimmyoung.com | 홈페이지 www.gimmyoungjr.com

이 도서의 국립중앙도서관 출판시도서목록(CIP)은 서지정보유통지원시스템
홈페이지(http://seoji.nl.go.kr)와 국가자료공동목록시스템(http://www.nl.go.kr/kolisnet)에서
이용하실 수 있습니다. (CIP제어번호 : CIP2019031361)

| 어린이제품 안전특별법에 의한 표시사항 | 제품명 도서 제조년월일 2024년 9월 11일
제조사명 김영사 주소 10881 경기도 파주시 문발로 197 전화번호 031-955-3100 제조국명 대한민국
사용 연령 11세 이상 ⚠주의 책 모서리에 찍히거나 책장에 베이지 않게 조심하세요.

차례

비밀 금고	7
반지름에 관한 쓸데없는 몇 가지 이야기	21
삼각형에 관한 중요한 사실	31
다각형	71
잔인한 원	108
정다면체의 비밀	130
타원형과 방황하는 별들	147
피타고라스, 증명해!	158

비밀 금고

〈앗! 시리즈〉 빌딩 안에 있는 엘리베이터에는, 각각의 층으로 갈 수 있는 50여 개의 단추가 있다. 물론 이것은 흥분할 만한 소식은 아니다. 하지만 혹시 여러분이 이미 〈앗! 시리즈〉의 다른 책을 보았다면, 여러분을 위해 비밀 한 가지를 알려 주겠다! 엘리베이터에 있는 단추 중에서 7과 35 그리고 43을 한꺼번에 누르면 지하에 있는 비밀 층으로 내려가게 된다. 거기까지 내려가는 동안 왜 그곳이 특별한지 설명해 주지…….

숫자가 없는 구역

수학은 많은 숫자와 약간의 글자 그리고 조금의 기호와 몇 개의 이상한 선으로 되어 있다는 것은 모두가 다 아는 사실이다. 하지만 비밀 금고에는 숫자를 전혀 사용하지 않는 가장 괴상하고 별난 수학이 가득 차 있다! 숫자가 없다는 말은 바로…….

　사실이다. 이번 여행에는 약간의 그림과 멋진 상상력만 있으면 된다! 솔직히 말하자면, 커다란 계산을 작은 조각으로 나누고 부수고 자르는 일을 좋아하는 사람이라면 앞으로 이따금씩 편할 때가 있을 것이다.

　위대한 수학자 중에 아이작 뉴턴(사과나무 아래에 앉아 있다가 사과가 떨어지는 것을 보고 중력의 법칙을 발견한 머리 꼬불꼬불한 아저씨)이라는 사람이 있는데, 뉴턴은 길이가 몇 킬로미터나 되는 계산에 익숙해져 있으면서도 결국 이런 말을 털어놓았다.

　이제 보기 싫은 작은 계산기는 치워 버리자. 왜냐하면 필요 없으니까. 또한 손가락으로 계산할 필요도 없으니까 원한다면 권투 글러브를 껴도 좋다. 그 대신 어떤 게 쓸모가 있는지 살펴보자.
- 연필 한두 자루(심을 뾰족하게 깎은 색연필 몇 자루가 있으면 더 재미있다)
- 곧게 뻗은 직선을 그릴 수 있는 자(숫자가 없는 자도 괜찮다)
- 컴퍼스

- 가위
- 깨끗한 종이 몇 장. 사각형으로 된 종이가 있으면 직사각형이나 정확한 길이의 선을 그릴 때 금방 할 수 있다.

그리고 이런 게 있으면 편리하다.

- 45° 자
- 60° 자
- 각도기

각

우리는 길이를 잴 필요는 없지만 각이 얼마나 되는지는 알아야 한다. 사람들이 쉽게 하는 것으로 90°를 기준으로 한 각도 계산이 있는데 이것을 직각이라고도 한다. 그리고 각도를 표시할 때는 °라고 하는 작은 기호를 쓴다. 그럼 어떻게 하는 것인지 한번 보자.

90°가 하나면 1 직각 = 90° =

90°가 둘이면 2 직각 = 180° =

90°가 넷이면 4 직각 = 360° =

그럼 이건 대체 모두 뭘까?

이제부터 우리는 도형을 다루게 된다. 옛날에는 기하학이라고 불렀으며, 도형은 대부분 '각이 같고 선의 길이가 같을 때,

크기가 같다'는 말과 상관이 있다. 그러니까 엘리베이터가 멈추더라도 이 사실을 잘 기억하자.

엘리베이터 밖은 보안이 이중으로 유지되는 제한구역이다. 기온과 습도가 정확하게 기록되며, 바닥과 벽과 천장은 부드러운 고무로 되어 있어서 바람이나 진동을 흡수할 수 있고, 만약 길 잃은 파리가 있을 때는 곧장 레이저 빔을 맞게 되어 있다.

고대 그리스 사람들이 수학을 처음 공부했을 때, 그들이 제일 좋아한 것은 도형이었다. 그래서 그토록 많은 수학적 도형

그림들이 발견된 것이다. 그 그림들 중에는 잉크와 종이를 사용한 것도 있었지만, 대부분은 그냥 모래바닥 위에 그려진 것들이었다. 다행히도 피타고라스나 아르키메데스 같은 위대한 수학자의 제자들은 그날이 채 가기 전, 도형이 그려져 있는 모랫바닥 아래에 얇은 판을 아주 조심스럽게 밀어 넣어서, 소중하고 귀중한 도형을 집으로 가져왔다. 그리고 친구들에게 보여 주었다. 그런데 정말 기적 같은 일은 전쟁과 지진, 비와 바람에도 불구하고 몇몇 도형은 수천 년 동안 고스란히 보존되어, 마침내 우리의 이 비밀 금고에 오게 되었다는 것이다.

이것은 가장 단순한 도형으로, 도형에서 무척 중요한 법칙을 보여 준다.

그렇다. 등변(혹은 이등변)이란 말은 두 변의 '길이가 같다'는 뜻이다. 그리고 이등변삼각형에서, 마주 보는 두 개의 각의 크기가 같으면 그 변의 길이도 같다. 꼭짓점이 높이 있는 키다리 삼각형이든, 꼭짓점이 바닥에 붙어 있는 난쟁이 삼각형이든 마찬가지다. 재미있는 것은, 이것 역시 분명히 수학이지만 숫자가 쓰이지 않는다는 사실이다!

이 도형은 수천 년 전 모래 위에 그려졌다. 그런데 그 모래를 지금까지 보관해 오다니, 정말 놀라운 일이 아닐 수 없다!

시험 드라이브

삼각형, 다각형, 원 같은 것들 속으로 다이빙하기 전에, 방금 비밀 금고 안에서 망쳐 버린 모래 도형 중 하나를 다시 만들어 보자. 고대 그리스의 철학자인 탈레스는 '반원 안에 그려진 각은 항상 직각'이라고 주장했다(이것을 탈레스의 제1법칙이라고 한다).

자, 여러분. 우리는 어떤 계산도 할 필요가 없지만 대신 다른 일에 도전해야 한다. 그 도전 중의 많은 부분은 '무엇인가가 사실임을 증명하는 것'이다. 그럼 탈레스의 제1법칙을 시험해 보자.

- 선을 그린 다음 컴퍼스를 가운데에 고정시키고 선 위에 반원을 그린다.
  선과 반원이 만나는 점을 M과 S라고 한다(M과 S 대신 원하는 다른 글자를 써도 된다).
- 반원 중에서 아무 데다 점을 찍고 '재닛'이라고 부른다(역시 원하는 다른 이름을 붙여도 된다). 재닛은 반원의 가운데에 있

어도 되고, M이나 S 가까이 있어도 된다.
- 재닛에서 M을 향해 직선을 그은 다음, 다시 재닛에서 S를 향해 직선을 긋는다.
- 재닛에 그려진 각이 몇 도인지 본다. 분명 직각(90°)일 것이다(직각자가 있으면 금방 확인할 수 있다.)!

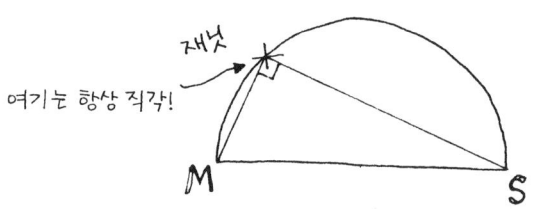

이제 탈레스 덕분에 우리는 자신 있게 이렇게 말할 수 있다.
아무 짝에도 쓸모없고 지저분하기 짝이 없는, 직각을 이용해 반원 그리는 방법:
1. 종이를 한 장 준비한다.
2. 종이에 핀을 두 군데 꽂는다. 이때 핀과 핀 사이의 간격은 여러분이 갖고 있는 직각자의 제일 짧은 부분보다 조금 짧아야 한다.
3. 밀가루 혹은 모래를 고르게 종이 위에 뿌린다.*
4. 직각자를 직각이 위를 향하도록 둔 다음 핀 위쪽으로 밀어 올린다. 직각자의 두 변(제일 긴 변 말고 두 개의 짧은 변)이 각각 핀에 닿을 때까지 밀어 올린다.
5. 직각자의 두 변이 핀에서 떨어지지 않도록 하면서, 직각자를 오른쪽 왼쪽으로 돌린다. 밀가루나 모래가 밀려나면서 어떤 모양이 생길 것이다.
6. 그 모양은 바로 완벽한 반원이다!

* 힌트 : 만약 친구들에게 자랑하고 싶다면 방금 반원을 그린 것 위에다 젖은 시멘트 가루를 뿌린 다음 그것을 헤어드라이어로 말려 보자. 그러면 근사한 작품이 된다.

이미 여러분이 알고 있듯이, 탈레스의 법칙은 항상 적용된다.

그렇다. 지금 여러분은 탈레스의 법칙이 항상 옳다는 것을 보여 주어야 한다. 하지만 그렇게 하려면 전문 지식이 필요하다. 따라서 121쪽에 갈 때까지 잠시 제쳐 두겠다.

사악한 반원

탈레스는 반원과 직각의 관계를 발견한 게 너무 기쁜 나머지 너무나 현실적인 방식으로 축하하기로 했다. 바로 황소를 제단으로 데리고 와서 바치는 것이었다. 하지만 걱정할 필요는 없다. 여러분의 수학적 질문이 옳다면, 별로 힘들이지 않고 답을 얻을 수 있기 때문이다. 그리고 옛날의 제사와는 달리 소를 죽일 필요도 없다.

몇 가지 기호

이 책에서는 깜찍한 도형을 많이 보게 되는데, 거기에는 각, 곡선, 직선 같은 것들이 사용된다. 그런데 도형의 성격을 알기 위해서는 세 가지 기호를 알아야 한다.

등변(같은 길이)

짧은 선의 길이가 같을 때는 작은 선을 하나 긋는다. 좀 더 긴 선의 길이가 같고 짧은 선과는 길이가 다를 때는 선을 두 개 긋는다. 이렇게.

평행선

화살촉이 하나 있는 선들은 서로 평행이다(이때 선의 길이가 다른 것은 문제가 되지 않는다). 평행이란 두 선을 계속해서 그었을 때 항상 같은 거리를 유지하며, 절대 만나지 않는다는 뜻이다. 마치 곧게 뻗어 있는 기차 레일처럼. 화살촉 두 개가 있는 선들 역시 평행이다.

크기가 같은 각

각의 크기가 같을 때에는 같은 글자를 써서 표시하거나, 그 안에 작은 호를 그려도 된다(앞에 나온 이등변삼각형에도 이런 표시가 있다). 크기가 같은 각이 한 쌍 이상 있을 때는 호를 두 겹으로 표시한다. 또 그런 각이 있을 때는 세 겹으로 표시하고, 계속 그런 식으로 하면 된다.

고대 그리스의 법칙 중에는 '두 개의 선이 만나면 서로 마주 보는 각(맞꼭지각)의 크기가 같다'는 것도 있다. 그리고 하나의 선이 두 개의 평행선을 지나가면 같은 크기의 각이 생기는데, 이것을 '동위각'이라고 한다.

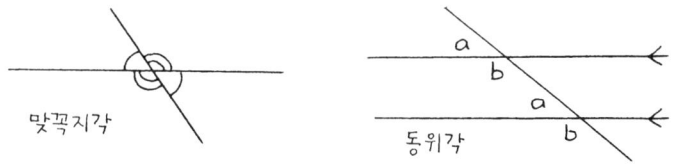

머리를 조금 더 복잡하게 하고 싶다면, 두 쌍의 평행선이 서로 지나가도록 그려 보자. 이때 가운데 생기는 모양을 '평행사변형'이라고 한다. 평행사변형 중에서 길이가 같은 변(등변)과 크기가 같은 각을 찾아서 모두 표시하면 이렇게 된다.

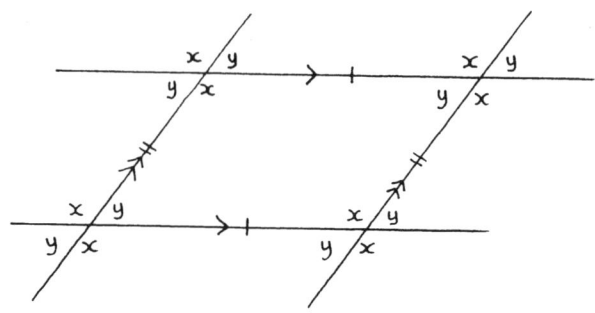

이제 다음에 비가 무지막지하게 많이 내리면 여러분은 분명 이렇게 말하게 될 것이다.

도형, 선, 각에 이름 붙이기

도형에는 글자가 여러 개 쓰여 있는 경우가 많은데, 이는 각각 다른 것을 나타낸다.

가장 단순한 삼각형은 다음과 같다. 이 삼각형을 ABC라고 부르자. 만약 누군가 각A에 대해 물어보면, 여러분은 각A 부분에 빗금을 쳐서 표시할 수 있다. 만약 B에서 C까지 이어지는 두꺼운 선(혹은 변)에 대해 설명하고 싶

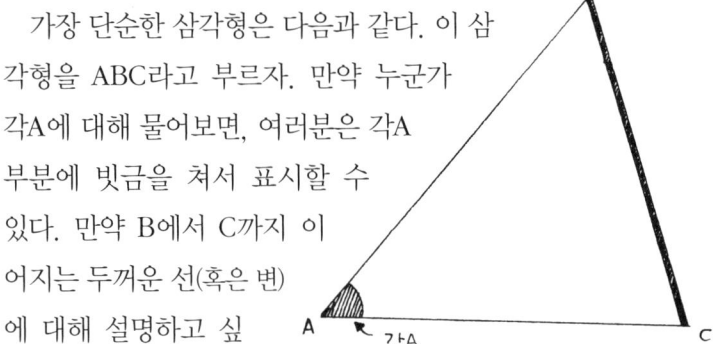

다면 그냥 변BC라고 말하면 된다.
이보다 복잡한 다각형을 이야기할 때는 좀 더 조심해야 한다.

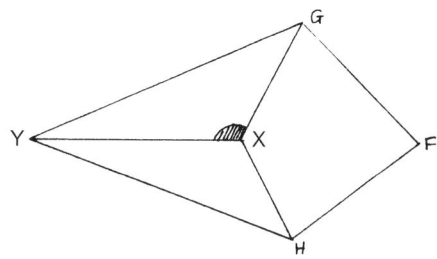

변FG가 어디 있는지는 확실하게 보인다. 그리고 삼각형 HXY의 모양이 어떤지 아는 것도 어려운 일이 아니다. 하지만 빗금 쳐 놓은 각은 뭐라고 표현해야 할까? 물론 그냥 각X라고 하고 싶지만 그럴 수가 없다. 왜? 각X라고 할 수 있는 것이 세 개나 있으니까! 이럴 때 확실하게 쓰는 방법이 있으니, 바로 이것이다. GX̂Y. 가운데 있는 X가 작은 모자를 쓰고 있는 게 보일 텐데, 이것은 X 지점에 있는 각이라는 뜻이다. 그리고 G와 Y는 각이 어느 변과 어느 변 사이에 있는지 알려 준다. 이것을 조금 다르게 표현할 수도 있다. ∠GXY.

가끔 시간이 없는 사람들은 글자 위에 작은 모자 씌우는 걸 시간 낭비라고 생각하는데, 이럴 땐 그냥 'GXY'라고 부른다. 하지만 문제는 그게 각 GXY를 뜻하는 건지 삼각형 GXY를 뜻하는 건지 분명하지 않다는 것이다. 그럴 경우 어느 게 맞는지 싸우다 아무 일도 못 할 수 있으니 조금 귀찮더라도 모자를 씌우는 게 낫다.

마지막 경고

물론 여러분은 도형을 표현할 때 어떤 이름(혹은 알파벳)이든 쓸 수 있다. 하지만…… 조심해야 할 게 있다.

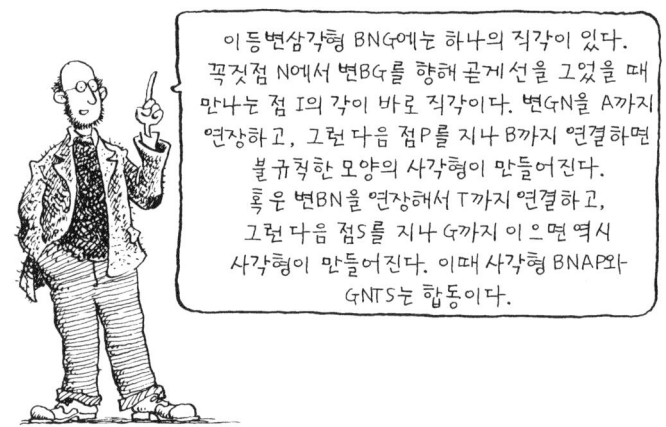

어쩐지 굉장히 멋지고 유식한 말 같다고? 하지만 이 말은 모두 아래에 있는 도형을 표현한 것이다.

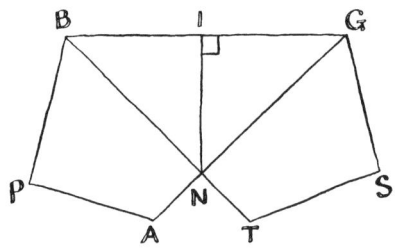

반지름에 관한 쓸데없는 몇 가지 이야기

혹시 알고 있는지 모르겠지만, 원의 중심에서 가장자리까지의 거리를 그 원의 반지름, 혹은 반경이라고 한다. 영어로는 레이디어스(radius)라고 말한다. 하지만 괜히 똑똑한 척하다가는 심보 사나운 선생님에게 이런 말을 듣게 될 것이다.

안타깝게도 선생님의 말씀이 옳다. 반지름을 뜻하는 radius는 고대 언어인 라틴어이다. 따라서 복수를 나타낼 때 그냥 es만 붙이면 안 된다. 여기서 잠깐! 수학 공부를 하다가 웬 라틴어 이야기냐고 무시하지 말 것. 라틴어의 복수는 단어에 따라서 어미가 여러 가지로 변한다. 예를 들어 radius처럼 us로 끝나는 경우, us를 i로 바꾼다. 그래서 radii에 i가 두 번 오는 것이다. radii는 영어 시험에 간혹 나오는 단어이므로 잊어버리지 않게 주의하자.

여기서 한 가지 더! radius와 radii의 관계는 웬만한 선생님은 다 아는 것이다. 하지만 여기서 끝이 아니다. 라틴어를 진짜 바르게 쓰고 싶다면 radius의 변화된 모습을 모두 알아야 한다. 만약 "원 하나의 반지름을 재겠어요."라고 말한다면 이때는 레이디움(radium)을 써야 한다. 시계를 조금만 거꾸로 돌려 보면, 방금 전 선생님의 대답에 이렇게 대답해야 한다.

그리고 이런 대화도 가능해진다.

뭐가 뭔지 모르겠다고 해도 걱정할 것 없다. 지금은 레이디어스(radius)와 레이디아이(radii)만 기억하면 되니까.

단지 수학 공부를 조금 했을 뿐이지만, 이제 여러분은 영어 시간에 focus(초점)의 복수가 foci이고, locus(장소)의 복수가 loci라고 자신 있게 말할 수 있다. 하지만 그렇다고 해도 이런 실수는 하지 말자.

자취, 자취들……

자취란 같은 규칙을 따르는 많은 작은 점들을 말한다. 도대체 이게 무슨 말인가 싶겠지만, 알고 보면 무척 쉽다. 우선 종이 가운데에 작은 × 표시가 있는 원을 하나 그려 보자. 이때 × 표시는 정확하게 원 가운데 있어야 한다. 이것을 다른 말로 하면, '원 위에 있는 모든 점과 ×와의 거리는 같다'가 된다. 그리고 '원'은 '×로부터 같은 거리에 있는 모든 점의 자취'라고 할 수 있다! 하지만 역시 '원'이 더 간단하고 외우기 쉽다. 안 그래?

수직 이등분

여기 한 가지 문제가 있다. 예쁘기로 소문난 베로니카 검플로스가 오스트레일리아에서 온 멋진 사촌을 만나기 위해 뛰어가고 있다. 그런데 운동장을 가로질러 가던 그녀는 한쪽에는 웨인이, 다른 한쪽에는 로드니가 있는 걸 발견했다. 두 사람 모두 베로니카가 와 주길 바라고 있다. 베로니카가 어느 한쪽에 가까이 가면, 그게 곧 자신의 집 앞까지 가는 먼 길을 함께 가 달라는 초대의 의미가 될 게 분명하다. 물론 이런 일은 평소라면 베로니카에게 문제가 되지 않는다. 하지만 오늘은 (멋진 사촌이 기다리고 있으니) 그렇게 할 수 없다. 절대!

그럼 웨인과 로드니, 두 사람으로부터 정확하게 같은 거리를 유지하면서 가려면 어떤 길로 가야 할까?

여기서 우리는 두 사람으로부터 등거리(같은 거리라는 뜻)에 있는 모든 점의 자취를 알아야 한다. 아마 여러분은 이리저리 거리를 잰 뒤 2로 나눠야 할 거라고 생각하겠지만, 천만에! 다음 그림을 보자.

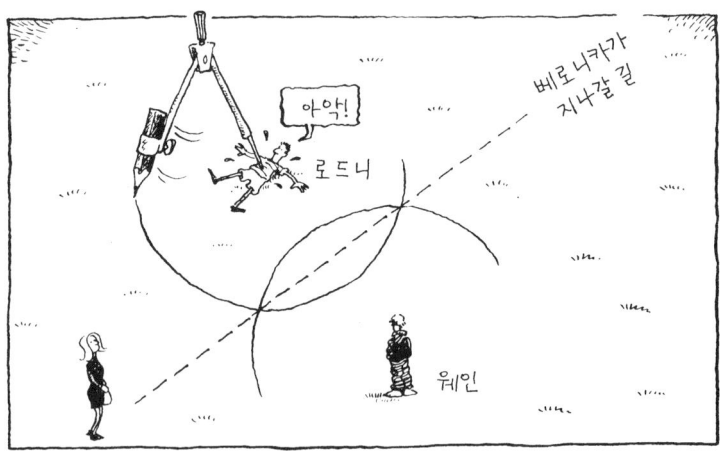

● 웨인과 로드니가 보이게 그림을 하나 그린다.

- 컴퍼스의 끝을 웨인이 있는 곳에 고정한 다음, 컴퍼스의 다리를 로드니가 있는 곳에 조금 못 미치는 지점까지 벌린다. 그리고 호를 그린다(원을 조금만 그리다 말면 그게 바로 '호'가 된다).
- 컴퍼스를 움직이지 말고 조금 전에 벌린 그대로 둔다. 그 상태로 컴퍼스의 한쪽 끝을 로드니가 있는 곳에 고정한다. 그런 다음 다시 호를 그리면 조금 전에 그린 호와 두 군데에서 만나게 된다.
- 마지막으로 자를 꺼내서 두 개의 호가 만나는 점을 지나는 직선을 그린다. 이때 직선 위에 있는 점은 어느 것이든지 로드니와의 거리, 웨인과의 거리가 같다. 즉 이 직선이 바로 베로니카가 안전하게 지나갈 수 있는 길이다!

방금 배운 이 간단한 방법은 다른 곳에도 쓸 수 있다. 우선 주위에 이미 그려져 있는 선분이 하나 있다면 컴퍼스를 이용해서 이등분할 수 있다(앞에서 한 것처럼 호를 두 개 그려서 서로 만나는 점을 이으면 된다). 이때 새로 생겨난 선은 이미 그려져 있는 직선을 90°로 지나간다.

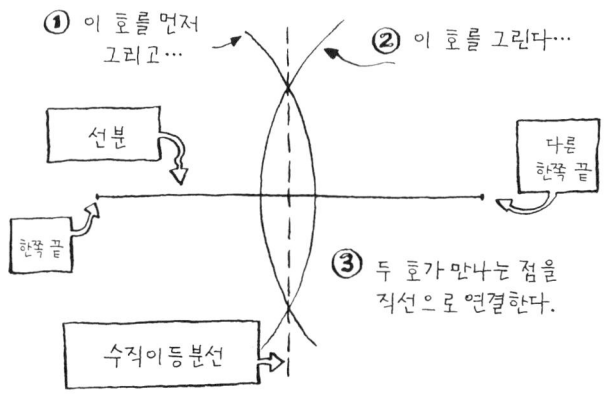

그림에 나온 것처럼 하면 된다. 중요한 것은 각각의 호를 그릴 때 컴퍼스의 다리를 똑같이 벌려야 한다는 것이다. 이렇게 해서 새로 생겨난 선은 근사한 이름으로 부르는데 바로 '수직이등분선'이다. 선분을 수직(90°)으로 지나면서 이등분하기 때문에 붙여진 이름이다.

수직으로 내리기

포그스워스 대령은 네덜란드 사람이 뜨개질해서 준 수영복을 입고 바닷가에서 수영을 했다. 그런데 안타까운 일이 생겼다. 옆을 지나가던 배에 옷이 걸리면서 올이 모두 풀려 버린 것이다. 순식간에 알몸이 된 대령은 어떻게 하면 해변에 있는 탈의실로 돌아갈 수 있을까, 물속에서 고민했다. 한 가지 다행인 것은 여러분이 대령을 도와줄 수 있다는 것이다. 대령은 최대한 빨리, 눈 깜짝할 사이에 탈의실로 가야 한다. 그럼 바다에서 탈의실까지 가는 가장 짧은 길은 어디일까?

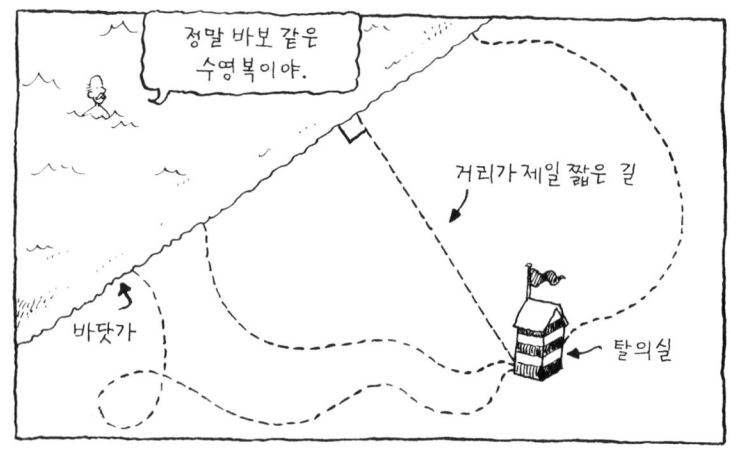

작은 지도를 그려 보면 탈의실과의 거리가 제일 짧은 길이 어디인지 알 수 있다. 탈의실에서 바닷가를 향해 직각으로 선을 그으면 그게 바로 제일 짧은 길이다. 만약 이 길(직선)을 정확하게 그리고 싶다면 다음과 같이 하면 된다. 이때 선을 수직으로 떨어뜨린다고 표현하는데, 여기에서는 탈의실에서 해변 끝까지 수직으로 떨어뜨리면 된다.

- 컴퍼스의 끝을 탈의실에 고정한다.
- 컴퍼스의 다리가 해변 끝을 지나도록 벌린다. 호를 그려서 바닷가를 두 번 지나가도록 한다. 이때 두 점을 '알몸'과 '대령'이라고 하자(대령이 알몸이 됐으니까).

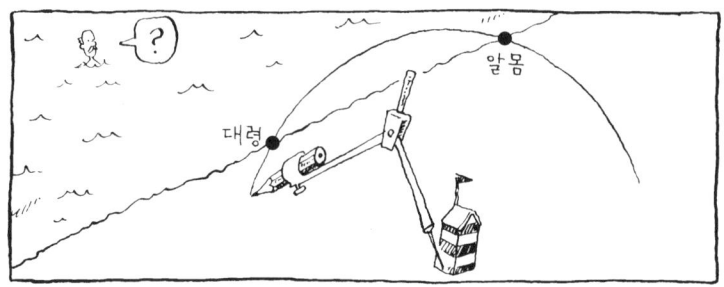

- 두 점, '알몸'과 '대령'을 연결하는 선의 수직이등분선을 그린다.
- 여기서 재미있는 사실 하나! 여러분이 옳게 그렸다면, 수직이등분선을 육지 쪽으로 연장해서 그리면 탈의실과 만나게 된다.

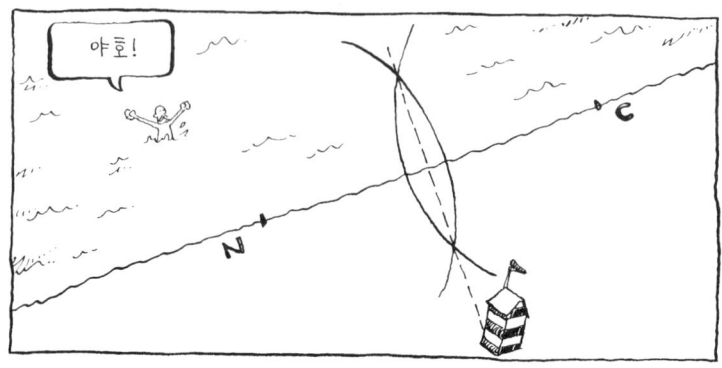

됐다! 방금 여러분은 탈의실에서 바다를 향해 수직으로 선을 떨어뜨렸으며, 이것은 대령이 옷을 입으러 가는 제일 짧은 길이 된다.

(여기서 우리는 수학을 알면 얼마나 편리해지는지 알 수 있다. 만약 수직으로 떨어뜨리는 게 뭔지 모른다면, 여러분이 직접 커다란 수건을 들고 대령에게 뛰어가야 할 테니 말이다.)

각을 이등분하기

무대를 우주로 옮겨, 고어 행성으로 가서 톱니가 달린 작은 우주선을 타고 땅굴을 파고 있다고 생각해 보자. 야호! 그런데 흙에는 철분 성분이 많이 들어 있었으며, 파면 팔수록 굴이 점점 넓어졌다. 게다가 현재 위치가 어떤지 모니터를 보았더니 계곡의 벽이 자석으로 되어 있는 것으로 나와 있었다. 한쪽은 N극, 다른 한쪽은 S극이었다. 이제 여러분은 두 벽 사이의 중간 지점이 어디인지 정확하게 알아야 하는 문제에 부딪혔다. 조금이라도 잘못 움직이면 우주선이 어느 한쪽 벽에 쾅 하고 부딪혀 부서질 테니 말이다. 물론 여러분도 같이. 그러니 이제

헬멧에 있는 특수 안경(이 안경을 쓰면 눈앞에 커다란 컴퓨터 모니터가 나타난다)을 꺼내 써 보자.

우선 여러분은 두 개의 벽으로부터 같은 거리에 있는 점들의 자취가 어디인지 알아야 한다. 엄청 어려운 말 같지만 이걸 그림으로 그려 보면 훨씬 쉽다. 이제 여러분은 두 벽 사이에 있는 각을 정확하게 이등분하는 선을 그리면 된다.

● 컴퍼스의 한쪽 끝을 두 개의 선이 만나는 곳에 고정한다. 컴퍼스의 다리를 벌려서 호를 하나 그린다. 그러면 호와 두 직선이 만나는 점이 두 개 생기는데 이것을 각각 S와 P라고 하자(다른 이름을 붙여도 된다).

● 이제 컴퍼스의 끝을 S에 둔 뒤에 두 직선 사이의 공간에 호를 그린다.
● 컴퍼스의 간격을 똑같이 한 상태에서 그 끝을 다시 점 P에 둔다. 그리고 다시 직선 사이의 공간에 호를 살짝 그린다.
● 두 직선이 만나는 점(각이 있는 곳)과 두 개의 호가 서로 만나면서 생기는 점 사이를 연결해 점선을 그린다.

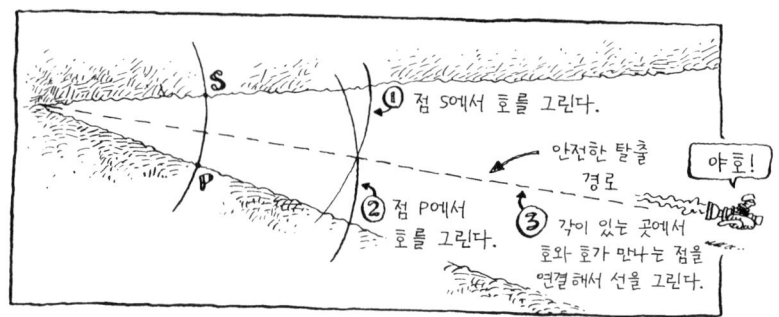

　방금 그린 선은 각을 정확하게 이등분하며, 바로 여기가 여러분의 탈출 경로이다.
　수고했다! 여러분은 컴퍼스를 갖고 할 수 있는 멋진 일 몇 가지를 알게 되었다. 점들의 자취가 무엇인지도 배웠으며, 어려운 라틴어에 대해서도 조금 알게 되었다. '타원형'에 관한 부분에 가면 더 멋진 걸 배울 수 있는데, 우선 그 전에 비밀 암호를 하나 알아야 한다. 바로…… '컴벌거유'이다.
　이 책에서는 공간을 절약하기 위해 이걸 몇 번 사용하게 된다. 그런데 여러분은 이게 무슨 뜻인지 짐작할 수 있겠는가? 뜻을 알고 싶다면 몇 페이지만 뒤로 돌아가 보자. 힌트. 여기서 컴은 컴퍼스를 뜻한다.

삼각형에 관한 중요한 사실

삼각형은 변이 세 개, 모서리가 세 개, 종류도 세 가지이다. 그리고 무엇보다 중요한 것은 다음의 세 단어이다.

삼각형은 쓰러지지 않는다
이 말이 무슨 뜻인지 알아보려면 풍고 맥휘피를 만나 봐야 한다. 풍고는 온갖 수를 써서 사랑스런 베로니카 검플로스와 함께 소풍을 갔다.

그러자 완벽한 신사로 변신한 풍고는 서둘러 베로니카에게 앉을 자리를 만들어 주었다. 튼튼한 나뭇가지 네 개를 줍더니 주머니에서 망치와 못을 꺼냈다. 그런 다음 나뭇가지를 서로 연결해서 베로니카가 앉을 수 있도록 근사한 사각형을 만들었다.

하지만 만약 퐁고가 삼각형을 만들었다면……

삼각형은 언제나 같은 모양을 유지한다. 하지만 변의 수가 그보다 많아지면(사각형, 오각형, 육각형 등등) 모양이 일그러져 버린다. 고압전선 철탑을 자세히 보면 여러 개의 작은 모양이 모여서 전체적인 모양을 이루고 있는데 그중 대부분이 삼각형 임을 알 수 있다. 그 삼각형들이 철탑을 튼튼하게 만들고 있는 것이다. 만약 삼각형이 아니라 사각형이나 직사각형으로 되어 있다면 바람이 한 번 불기만 해도 그 커다랗고 비싼 철탑이 옆으로 찌그러져서는 엄청난 굉음을 내며 땅바닥에 우당탕탕 떨어지고 말 것이다(이것은 아주 심각한 상황이므로 웃으면 안 된다).

　도형을 종이에 그릴 경우 직선으로 이루어진 것은 무엇이든 삼각형으로 나눌 수 있다. 이 책을 계속 보다 보면 이 특징이 여러 가지로 잘 쓰인다는 것을 알 수 있다. 그럼 먼저 삼각형에 관한 몇 가지 재미있는 특징을 알아보자.

삼각형의 세 가지 종류

정삼각형
　세 변의 길이가 같은 삼각형으로, 세 개의 각도 크기가 같다. 혹시 아직도 숫자가 걱정된다면 정삼각형의 각은 모두 60°라고 알려 주겠지만, 걱정할 필요가 없으니 각이 몇 도인지는 그냥 넘어가자.

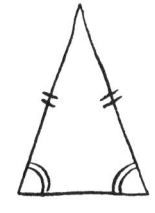

이등변삼각형
　두 개의 변의 길이가 같은 삼각형으로, 서로 마주 보는 두 각의 크기가 같다.

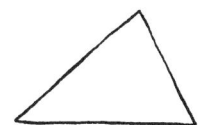

부등변삼각형
　모든 변의 길이가 다른 삼각형으로, 모든 각의 크기가 다르다.

　삼각형에 대해 알아야 할 몇 가지 :

- 만약 제일 큰 각이 직각이라면 직각삼각형이라고 부른다.
- 만약 제일 큰 각이 직각보다 크다면 둔각삼각형이라고 부른다.
- 만약 모든 각이 직각보다 작다면 예각삼각형이라고 부른다.

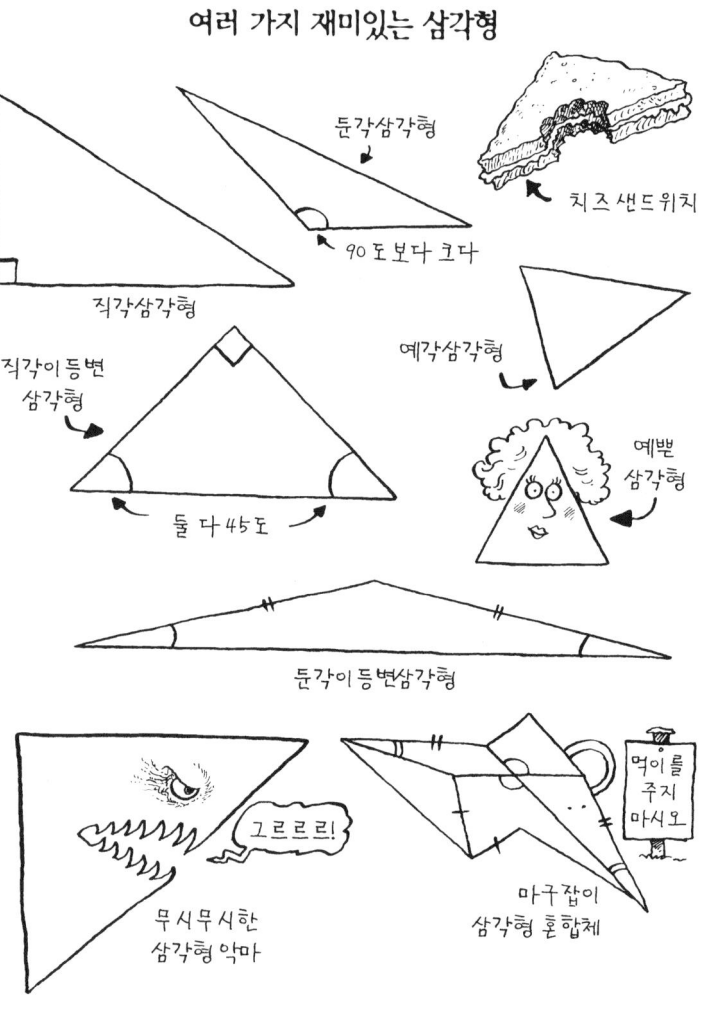

삼각형의 각

어떤 모양이든 종이로 삼각형을 만든 다음 각각의 모서리 부분을 그림과 같이 찢어서 모으면 직선을 만들 수 있다.

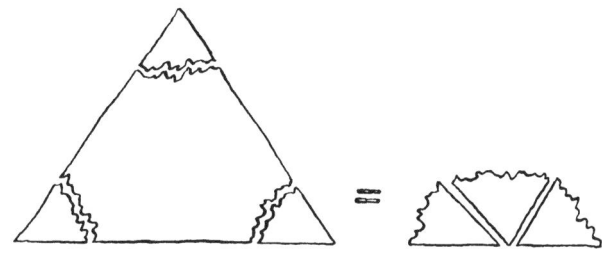

삼각형의 세 각을 합하면 언제나 180°(혹은 직각 두 개를 합한 것)가 되기 때문이다.

또한 종이로 만든 직각삼각형(공책이나 신문처럼 일반적으로 볼 수 있는 종이의 한쪽 모퉁이를 자르면 직각삼각형이 된다)으로도 이것과 비슷한 것을 볼 수 있다. 직각삼각형에서 작은 각 두 개를 찢은 다음 나머지 각(직각) 위에 모으면 딱 들어맞는다. 그러니까 직각삼각형의 두 개의 작은 각을 합하면 언제나 90°가 된다는 말이다.

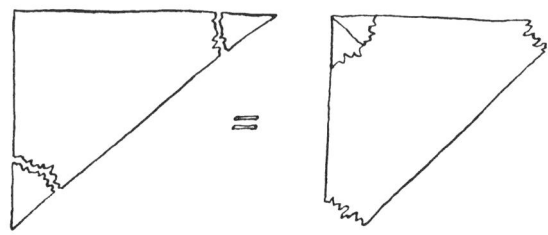

여러분에게 삼각형의 의미는?

삼각형이 여러분에게 어떤 의미인지 알고 싶다면 다음에 나온 글을 읽고 '예'인지 '아니오'인지 답해 보자.

- 부등변삼각형은 직각이 될 수 있다.
- 직각삼각형은 둔각이 될 수 없다.
- 진정한 밸런타인데이 카드가 되려면 커다란 삼각형을 그려야 한다.

- 이등변삼각형은 세 개의 각이 모두 다를 수 없다.
- 여러분의 집은 피라미드 모양이다.

- 정삼각형의 세 각은 언제나 예각이다.
- 직각삼각형 중에는 이등변삼각형도 있다.
- 신문을 접어서 모자로 쓰고 다니는 걸 좋아한다.

- 샌드위치를 항상 삼각형으로 잘라서 먹는다. 절대 사각형으로 먹지 않는다.

● 직각이 하나 이상 있는 종이 위에는 삼각형을 그릴 수 없다.
● 삼각형은 수학에만 필요한 게 아니라 우리 삶에도 필요하다.

이제 답을 체크해 보자.
모두 '아니오' 인 경우 : 분명 삼각형은 여러분에게 어떤 의미도 없다. 삼각형을 생각하는 것은 쓸데없는 짓이라고 생각한다.
간혹 '예' 가 있는 경우 : 여러분의 어두운 영혼 깊은 곳에서 삼각형의 작은 불빛이 반짝이고 있다. 희망을 가지라.
대부분이 '예' 인 경우 : 여러분은 행복하고 똑똑하고 상식적인 사람으로, 다른 사람들이 뒤에서 킬킬거리고 웃어도 신경 쓰지 않는다.
모두 '예' 인 경우 : 우선 찬물에 샤워를 해서 마음을 가라앉히자. 이번 장(章)은 괴짜인 여러분에게 너무 심한 충격이 될 것이다.

이 부분에서 찬물 샤워를 필요로 하는 사람들 중에, 헝가리의 작곡가인 프란츠 리스트가 있다. 리스트는 유난히 삼각형 모양의 악기, 즉 트라이앵글을 좋아했기 때문이다.(아마 여러분은 이미 트라이앵글을 한두 번 사용해 보았을 것이다. 트라이앵글이란 반짝이는 금속 막대기가 정삼각형 모양으로 구부러진 것으로 두드리면 '땡~' 하는 소리가 난다. 트롬본이나 첼로 같은 악기에 비하면 좀 초라해 보이지만 대형 오케스트라 뒤에 서서 적당한 부분에서 트라이앵

글을 두드려 '땡~' 소리를 내면 전혀 다른 느낌을 주게 된다.)

 1849년 리스트는 첫 번째 피아노 콘체르토 곡을 썼는데 그 중 한 부분에 피아노가 연주하지 않도록 써 놓았다. 사람들이 트라이앵글 솔로 연주를 들을 수 있도록 한 것이었다. 그 덕분에 트라이앵글의 팬들은 세상에서 가장 아름답고 감동적인 연주를 듣게 되었다.

우유 짜는 의자의 다리는 왜 세 개일까?

 오, 하하. 아주 재미있군. 어쨌든 이건 무척 재미있는 질문으로, 진짜 이유가 뭔지 알아보자.
 삼각형의 가장 이상한 점은 비틀 수 없다는 것이다. 그럼 진짜 그런지 실험을 해 보자.
- 연필이나 막대기처럼 긴 물건을 몇 개 꺼낸다.
- 연필 네 자루의 끝을 서로 연결해서 사각형의 모양이 되도록 하자(연결할 때는 테이프나 고무줄을 쓰면 된다).
- 사각형의 서로 마주 보는 두 변(연필)을 잡고 조금 비틀어 보자. 아무 어려움 없이 비틀 수 있을 것이다. 사각형을 책상이나 테이블 위에 놓을 경우에는 한쪽 모서리를 잡고 위로 들어 올리면 죽 늘어난다.
- 이제 연필 세 자루를 가지고 삼각형을 만든다.

● 그런 다음 비틀어 보자. 혹시 비틀어지는 사람? 아무도 없을 것이다. 삼각형은 언제나 그 모양을 유지한다. 또한 삼각형을 책상 위에 놓을 경우에도 꼭짓점을 들어 올려도 삼각형 모양 그대로다.

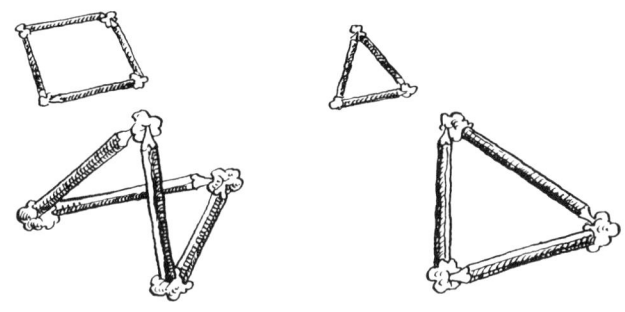

여기에는 이유가 있는데, 간단하게 이렇게 말할 수 있다. '두 점은 하나의 직선을 결정한다.' 그리고 '세 개의 점은 하나의 면을 결정한다.' 이 말이 무슨 뜻인지 잘 모르겠다면 〈앗! 시리즈〉 무기 보관소로 달려가서 실험할 준비를 하자.

우선 가는 불빛을 곧게 쏠 수 있는 레이저빔을 빌린다. 레이저를 이용하면 파리 두 마리를 동시에 쏘아 죽일 수 있으며, 가리키고 싶은 곳을 정확하게 지적할 수 있다. 심지어 파리가 움직일 때에도 조준만 제대로 한다면 한 번에 두 마리를 맞출 수 있다.

이때 파리 두 마리를 동시에 쏠 수 있는 방향은 오직 한 가지밖에 없다.

이것을 수학적으로 멋지게 표현한 게 바로 '두 개의 점은 하나의 직선을 결정한다' 이다.(이때 두 개의 점이 어디 있는지는 중요하지 않다. 하나는 냉장고 바로 아래에, 다른 하나는 금성에 있다고 해도, 두 점을 하나의 직선으로 연결할 수 있다.)

그런데 만약 파리 두 마리가 지원군을 불러서 한 마리가 더 나타났다고 하자.

만약 운이 좋다면 세 마리 파리가 모두 직선상에 올 수도 있지만, 그런 경우는 거의 없다.

하지만 〈앗! 시리즈〉의 무기고에는 아주 길고, 아주 넓고, 아

주 아주 얇은 유리를 쏠 수 있는 장비가 있다. 하하! 이제 파리를 잡는 건 식은 죽 먹기이다! 파리 세 마리가 어디 있든 파리가 있는 곳을 향해 정확한 위치에서 정확한 각도로 유리판을 발사하면 파리를 모두 한 번에 죽일 수 있다.

이럴 경우 유리판을 '면(혹은 평면)'이라고 부르며, 이것은 아주 넓고 평평한 것을 뜻한다. 만약 세 개의 점이 있다면 언제나 세 개의 점을 같은 면 위에 둘 수 있으며, 이때 이 면은 일정한 각도로 기울어져 있다.

자, 그럼 우유 짜는 의자로 돌아가 보자.

정상적인 다리 네 개짜리 의자를 흔들리지 않게 놓으려면 다리가 놓여야 할 네 개의 점이 모두 하나의 면 위에 있어야 한다. 멋진 마룻바닥일 경우에는 하나의 면 위에 있는 네 개의 점을 찾는 게 쉽다. 마룻바닥에 있는 점은 어느 것이든 하나의 면 위에 있을 테니까. 하지만 여러분도 잘 알다시피 소가 있는 외양간의 바닥은 아쉽게도 평평한 마룻바닥과는 거리가 멀다. 울퉁불퉁하기 십상이다. 따라서 같은 면 위에 있는 네 개의 점을 찾아서 의자를 놓기란 여간 어려운 일이 아니다. 웬만한 경우 세 개는 찾을 수 있지만 나머지 하나는 공중에 붕 뜨게 마련이다. 그런 의자에 앉으면 흔들흔들 균형을 잡기 힘들어서 젖을 짜기 위해 젖통을 붙잡고 있다 보면 뒤로 우당탕 넘어지기 일쑤다.

하지만 다리가 세 개인 의자의 경우엔 세 부분만 바닥에 닿으면 된다. 그리고 세 개의 점은 언제나 한 면에 있으므로, 아무리 울퉁불퉁한 바닥이라도 해도 의자 다리를 놓을 수 있는 세 개의 점은 항상 있다. 따라서 다리가 세 개인 의자는 어디든 흔들리지 않고 안전하게 놓을 수 있다. 흔들리지 않고 넘어지지 않으니, 소똥에 엉덩이 박을 일도 없고 소가 불편하다고 이상한 비명을 지를 일도 없는 것이다.

삼각형은 언제 같을까?

지도를 그리거나 깃대의 높이를 재거나 아니면 그냥 별난 삼각형의 세계를 돌아다닐 때에는, 두 개의 삼각형이 정확하게 같을 때가 언제인지 알면 여러 가지로 편리하다. 수학의 세계에서는 그런 것을 '합동'이라고 말하는데, 합동이란 크기도 같고 모양도 같고 넓이도 같고 취미도 같은 경우를 말한다.

두 사람이 서로 합동인지 알아보고 싶을 때에는 백만 개의 질문을 해야 하며, 대답이 모두 같다고 해도 세세한 부분으로 들어가면 한두 가지는 다르다는 것을 알게 된다. 둘 중 한 사람은 시금치를 싫어한다든가 등등…….

다행히 삼각형에서는 세 가지 점만 같으면 다른 모든 건 자동적으로 같다. 더 좋은 점은 두 개의 삼각형이 합동일 경우가 몇 가지뿐이라는 사실이다.

두 개의 삼각형은 다음의 경우에 합동이다.

삼각형의 세 변의 길이가 같을 경우, 두 삼각형은 합동이다.

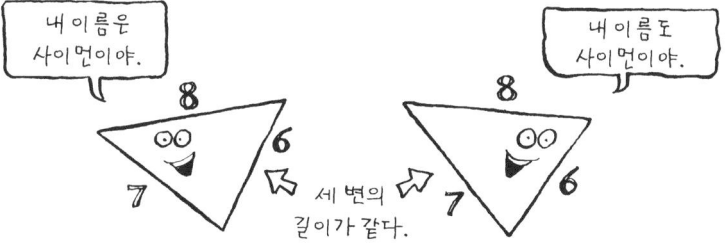

혹은 한 변의 길이가 같고 그 변의 양쪽에 있는 각의 크기가 같으면 두 삼각형은 합동이다.

알림. 삼각형은 앞뒤로 뒤집힐 수 있는데 이때도 여전히 합동이다.

혹은 두 변의 길이가 같고 그 사이에 있는 각의 크기가 같으면(이 각을 끼인각이라고 한다) 그 두 삼각형은 합동이다.

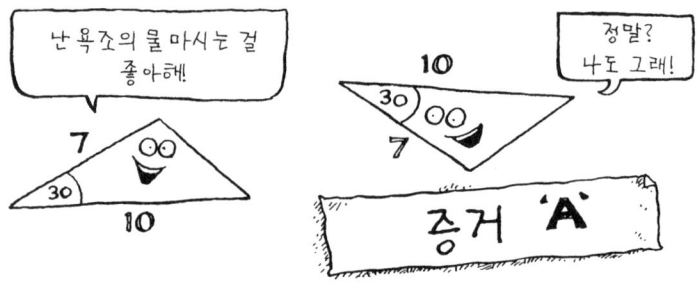

그러나 만약 두 개의 변이 같고, 그 사이에 있는 각(끼인각)이 아닌 각 하나가 같은 경우는 합동삼각형이 아니다.

위대한 탐정인 시얼록 홈스(셜록 홈스가 아니다)가 그랬듯이 실수를 저지르기 쉽다. 홈스는 바지를 훔친 삼각형을 찾아 달라는 부탁을 받았다. 범인에 관한 설명은 이랬다.

$$\text{변 } AB = 16 \qquad \text{변 } AC = 11 \qquad \angle ABC = 30°$$

그림에서 보는 것처럼 두 개의 삼각형 모두 설명에 들어맞았지만, 두 삼각형은 전혀 다른 삼각형이었다. 그리고 안타깝게도 시얼록 홈스는 엉뚱한 삼각형을 지목했으며 결국 얼마 지나지 않아 끼인각이 얼마인지 다시 확인해야 했다.

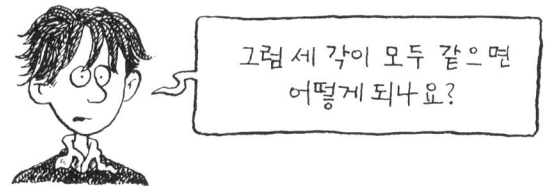

만약 두 개의 삼각형이 모든 각의 크기가 같다면 닮은꼴이라고 한다. 두 삼각형은 합동일 수도 있지만 이럴 가능성이 더 많다.

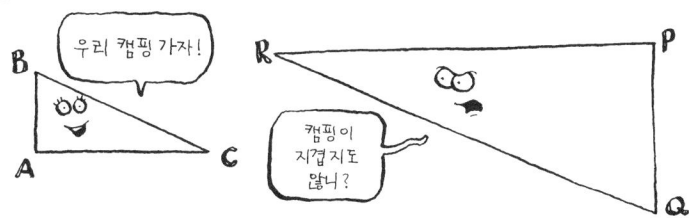

각A = 각P 그리고 각B = 각Q, 그리고 각C = 각R이지만 오른쪽에 있는 삼각형이 왼쪽 삼각형에 비해 훨씬 크다. 따라서 두 삼각형은 합동이 아니다. 실제로 두 삼각형은 각 변의 길이도 다르고 넓이도 다르며 생활방식과 개인적인 목표도 다르다.

삼각형이 언제 합동인지 알 수 있으면, 나중에 이 책에서 알게 되듯이 온갖 이상한 방법에서 유용하게 써 먹을 수 있다. 그리고 닮은꼴 삼각형의 경우엔 여러 가지로 특별하게 쓰일 수 있는데, 그중 하나가 '섀도 스틱' 이다.

삼각형의 중심을 찾아서

어서 〈앗! 시리즈〉 실험실로 달려가자. 그곳은 바로 수학자들이 최고 수준의 토론을 하고 있는 곳으로, 오늘 그들은 삼각형의 중심이 어디인지 토론을 하고 있다.

어떤 삼각형이든, 두 개의 직각삼각형으로 나눌 수 있습니다.
여기 보시면 제가 꼭짓점 A에서 변BC를 향해 수직으로 선을 그은 것을
볼 수 있는데요. 재미있는 것은 C에서 변AB를 향해,
그리고 B에서 변AC를 향해 수직선을 그을 수 있으며,
이 세 개의 수직선이 서로 만나는 점이 있다는 것입니다.
바로 이것이 삼각형의 중심입니다.

아닙니다! 삼각형의 세 각을 모두 반으로 나누어서 선을 그으면
그 선이 하나의 점에서 만나게 됩니다. 그런데 이 점은 바로 삼각형의
안에 딱 맞는 원을 그릴 경우 그 원의 중심이 됩니다!

아닙니다! 삼각형의 세 변의 중심에서 수직선을 그으면 한 곳에서
만나게 되는데, 이것은 삼각형 외부의 중심이기도 합니다!
삼각형의 세 꼭짓점이 닿도록 원을 그릴 경우,
그 원의 중심이 바로 여기거든요.

오, 제발! 이 싸움을 진정시킬 수 있는 방법은 정삼각형을 그린 다음 모두 함께 중심을 그려 보도록 하는 것뿐이었다. 그리하여 나온 그림이 바로 이것이다.

이제 사람들은 같은 점이 중심이라는 데에 동의했다. 그리고 앞으로 여러분을 몇 가지 더 도와주기로 했다.

삼각형의 넓이가 같을 때

만약 삼각형의 밑변이 같고 높이가 같으면 그 삼각형의 넓이는 같다.

예를 들어 아래에 있는 삼각형은 모두 넓이가 같다.

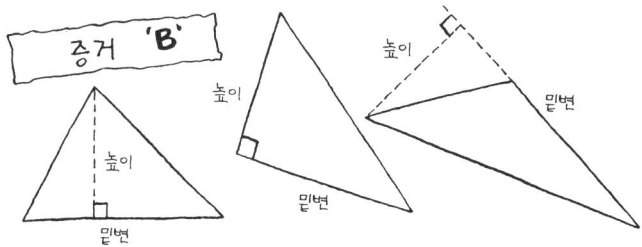

여러분은 마음에 드는 밑변을 하나 고른 뒤, 그 변에서 직각으로 선을 그어서 높이를 재면 된다. 그러면 둔각삼각형의 경우 높이를 재려고 하면, 삼각형 '바깥'으로 나가야 한다는 사실을 알게 될 것이다.

물론 자존심 강한 〈앗! 시리즈〉 독자들은 그렇다는 사실을 다른 사람에게서 듣는 것보다는 스스로 확인하는 것을 더 좋아할 것이다. 하지만 혹시 이게 좀 어렵다고 생각되더라도 걱정할 필요는 없다! 왜냐하면 이제부터 톱질 퍼즐을 통해 재미있는 놀이를 해 볼 테니 말이다.

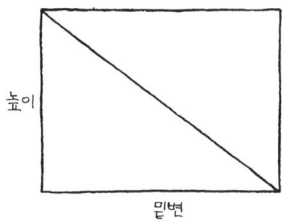

이것은 직사각형 그림이다. 직사각형에 대각선을 그으면 두 개의 삼각형으로 나뉘는데 이 두 삼각형은 정확하게 같다(합동이라는 뜻). 따라서 각 삼각형의 넓이는 직사각형의 절반이다.

그렇다. 하지만 이 책에서는 곱하고 나누는 것은 되도록 피하려고 한다. 따라서 계산을 하거나 계산기를 꺼내 두드리는 대신 가위와 종이를 가지고 실험을 해 보려고 한다. 야호!

한 가지 중요한 사실을 알려 주겠다. 우선 이렇게 생긴 삼각형의 꼭대기에 올라간다고 가정해 보자.

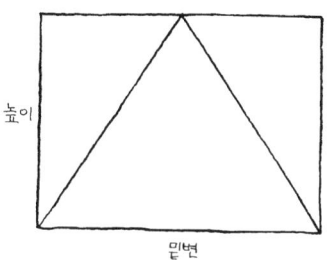

이 새로운 삼각형의 넓이 역시 직사각형의 절반이다. 과연 그럴까? 증명해 보자.

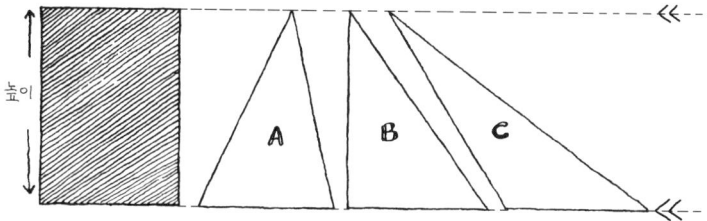

우선 위에 보이는 이 그림을 똑같이 두 장 그린다(사각형으로 생긴 종이 두 장이 있으면 무척 쉽게 할 수 있다). 평행선 두 개를 아주 길게 그린 다음 세 개의 삼각형과 하나의 직사각형을 그리면 된다. 이때 직사각형과 삼각형의 밑변의 길이는 모두 같아야 한다. 이때 삼각형A와 B의 꼭짓점은 밑변의 위쪽에 오지만 삼각형C의 꼭짓점은 밑변의 바로 위가 아니라 바깥쪽에 온다는 것을 알 수 있다. 삽화가 리브 씨가 앞에서 그린 것처럼.

이제 각각의 삼각형의 넓이가 빗금을 쳐 놓은 직사각형의 절반이라는 것, 그리고 삼각형 세 개 모두 넓이가 같다는 것을 확인해 보자.

- 두 장에 있는 삼각형A를 모두 자른다. 오른쪽에 있는 그림처럼 두 개의 삼각형A로 직사각형을 정확하게 덮을 수 있는지 확인하기 위한 단계이다.
- 그림에서 보는 것처럼, 삼각형A 중 하나를 둘로 잘라야 한다. 나중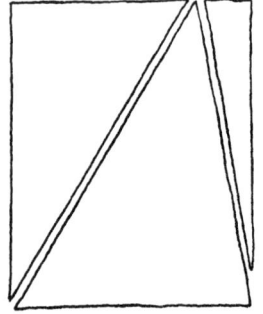
에 다시 하나로 맞춰야 하는 것은 당연한 이야기. 삼각형의 꼭짓점에서 밑변을 향해 수직으로 선을 그은 다음 이 선을 따라 자르면 된다. 이제 두 개의 삼각형A가 정확하게 직사각형을 덮는다는 사실을 확인할 수 있으며, 이것은 곧 삼각형A 하나의 넓이가 직사각형 넓이의 절반이라는 것을 뜻한다.
- 삼각형B 두 개를 가지고 해 보아도 같은 결과를 얻게 된다.
- 이제 삼각형C를 가지고 해 볼 차례이다! 이번엔 아마도 가위질을 좀 더 많이 해야겠지만 어쨌든 해내야 한다. 아니, 해낼 수 있다!

넓이는 같지만 모양이 다른 삼각형을 여러 개 그려 보자. 사다리처럼 생긴 두 개의 평행선을 그리면 이런 모양이 될 것이다.

위에 있는 삼각형은 모두 밑변이 같고 높이도 같다. 따라서 넓이도 같을 것이다.

다음은 수학자들의 실험실에 있는 정사각형 모양의 창문으로, 창문은 네 개의 구역으로 나뉘어 있다. 거미줄을 한번 보자.

길고 가는 거미줄의 경우 밑변의 길이는 위에 있는 삼각형의 밑변 길이의 2분의 1이다. 하지만 높이는 다른 삼각형의 두 배이다. 따라서 두 삼각형의 넓이는 같다는 게 밝혀졌다.

케이크 커팅의 위기

이제 여러분은 삼각형 넓이가 같다는 게 무슨 뜻인지 알게 되었을 것이다. 그런데 이건 때로는 사느냐, 죽느냐 하는 문제가 되기도 한다.

> 도시 : 미국 일리노이 주, 시카고
> 장소 : 루이기의 식당, 어퍼 메인 거리
> 날짜 : 1929년 5월 15일
> 시간 : 밤 9시 10분

　축하 노래는 음정이 맞지 않았고, 진실한 마음도 없었으며, 사람들이 좋아하지도 않았다. 가운데 테이블에 앉은 일곱 명의 남자가 굳은 얼굴로 쳐다보자 웨이터 베니는 입을 다물었다.

　몇 분 전만 해도 베니는 주방에서 사장이 지금껏 자신이 본 것 중에서 제일 큰 케이크를 만드는 일을 돕고 있었다. 그런 다음 케이크를 손수레 위에 싣고는 금속 바퀴를 굴려서 손님들이 기다리는 홀로 가지고 갔다.

　"노래를 불러 드려." 사장인 루이기가 베니에게 말했다. "오늘은 두목님의 생일이거든. 저분들이 얼마나 중요한 손님인지

는 잘 알지?"

"네, 저희 식당의 유일한 손님이지요." 베니가 대답했다. "무섭게 구는 바람에 다른 손님들을 모두 쫓아내잖아요."

"나도 쫓아낼 거라고 했어." 루이기가 털어놓았다. "문제는, 여기가 나의 집이고 쫓겨나면 갈 데가 없다는 거야. 난 정말이지 가브리아니파와 보첼리파가 같이 오는 게 너무 싫어. 저 사람들, 생일파티 한다고 모였지만 저녁 내내 한 일이라고는 서로를 노려보는 것밖에 없었잖아. 우리가 분위기를 부드럽게 만들지 않으면 조만간 총알이 날아다니게 될 게 뻔해. 그러니까 베니, 가서 노래 좀 불러."

그렇게 해서 베니는 커다란 생일 케이크를 식당 안으로 가지고 가서 생일 노래를 부르게 되었다.

"이봐, 블레이드." 덩치 큰 남자가 얼굴을 찌푸리면서 말했다. "저 친구가 나를 뚱보라고 부른 거 맞아?"

"그래, 맞아." 보첼리파의 블레이드가 대답했다. "네가 제일 싫어하는 말이 그 말이라는 걸 모르는 것 같군."

"이봐, 꼬마!" 테이블 건너편에 있던 가브리아니파 네 명이 너털웃음을 터트렸다.

"저…… 저는 화나게 할 생각은 아니었어요." 베니가 더듬거리며 말했다.

"물론 그랬겠지." 가브리아니파의 반쪽 미소가 빈정거렸다. "게다가 사람들 모두 '삼겹살 포키'라고 부르니까. 안 그래, 삼겹살 포키?"

"맞아, 삼겹살 포키." 족제비 위즐이 씨익 웃었다.

"이건 옳지 않아." 삼겹살 포키가 말했다. "지미, 네가 말 좀 해 줘."

"좋아. 이건 옳지 않아." 왼손가락 지미가 말했다. "왜냐하면 포키는 케이크를 여기 있는 사람 모두와 나눠 먹을 테니까."

"내가?" 삼겹살 포키가 깜짝 놀라며 말했다. "한 사람이 한 조각도 먹기 힘들 텐데?"

"한 조각보다는 많을 거야." 전기톱 찰리가 말했다. "지난번에 내가 이만 한 케이크를 봤는데, 갑자기 케이크 꼭대기가 확 열리면서 경찰 세 명과 개가 튀어나오는 거야. 경찰이 몰래 케이크에 숨어 있었던 거지. 정말 끔찍했어."

"정말?" 족제비 위즐이 키득거렸다. "삼겹살 포키는 케이크에 제일 먼저 달려가지는 못했지만 결국 경찰들이 나오기 전에 케이크를 다 먹어 버렸어."

"그만 해!" 삼겹살 포키가 말을 잘랐다. 그러더니 갑자기 소맷자락에서 커다란 칼을 꺼내 들었다.

순간 네 명의 가브리아니파 형제들의 모습이 사라졌다. 그들은 삼겹살 포키의 덩치에 웃지 않을 수 없었지만, 도구를 가리지 않고 음식을 먹는 포키의 기술에 존경을 보냈다. 어느 날 이스트사이드 포네티에 있는 깡패들이 냅킨과 티스푼만으로 무장했다는 말을 듣게 될지도 모를 일이었다. 하지만 그러는 중에도 루이기는 긴장을 풀지 않았다.

"모두 어디 갔지?" 삼겹살 포키가 주위를 둘러보며 물었다.

외손가락 지미가 몸을 숙여 테이블 아래를 보았다.

"이렇게 귀여울 수가!" 외손가락 지미가 킬킬거렸다. "네 사람 모두 테이블 다리를 붙잡고 있어."

"어서 나와." 삼겹살 포키가 말했다. "이제 케이크를 우리 일곱 명이 골고루 먹을 수 있게 자를 거야."

그러자 가브리아니파 형제들이 부끄러워하며 몸을 일으켰다.

"속임수를 쓸지도 몰라!" 넘버스가 속삭였다.

"속임수는 없어." 삼겹살 포키가 말했다. "공정하게 표시할 테니까 잘 봐."

커다란 덩치의 삼겹살 포키는 조심스럽게 케이크 위에 선을 그어서 길쭉하게 생긴 케이크 일곱 조각을 표시했다.

"봐!" 삼겹살 포키가 자랑스럽게 말했다. "정말 공정하지?"

"오 그래?" 반쪽 미소가 반쯤 웃으면서 말했다. "그럼 가장자리에 맛있는 크림이 있는 두 부분은 누가 먹지?"

"그래, 포키." 전기톱 체인소가 말했다. "그리고 가운데 크림이 없는 밍밍한 부분은 누가 먹지?"

루이기는 예전에도 이처럼 끔찍한 일을 겪은 적이 있었다. 사소한 말다툼을 조금 하는가 싶더니 갑자기 식당의 의자며 테이블이 모두 가루가 되어 버렸다. 케이크가 원이었다면 공평하게 일곱 조각으로 나누기 쉬웠을 것이다. 그러면 모두 똑같은 양의 크림을 먹게 될 테니까! 케이크의 중심이 어디인지 찾아서 같은 각도로 일곱 조각을 나누기만 하면 문제는 해결될 것이다.

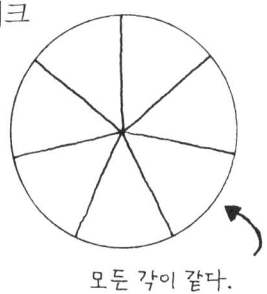

모든 각이 같다.

루이기는 자신의 어리석음에 절망했다. 왜 사각형으로 된 케이크를 만들 생각을 했을까? 사각형 케이크를 똑같이 일곱 조각으로 나누는 일은 불가능해 보였다. 어떻게 같은 양의 케이크와 똑같은 양의 크림을 나눌 수 있을까…… 하지만 다행하게도 이 책에 해답이 있다!

케이크의 위
케이크의 옆

케이크에는 이렇게 두 부분에 크림이 있다. 바로 케이크의 위쪽과 옆쪽이다.

그럼 케이크의 네 면의 길이를 정확하게 잰 다음 그 둘레를 일곱 부분으로 나눈다고 생각해 보자.

그런 다음 케이크의 중심에서 가장자리에 표시된 곳까지 자른다고 생각해 보자. 각각의 케이크 조각은 모두 옆면의 길이가 같을 것이다. 물론 크림의 양도 같고, 크림이 있는 면의 크기 역시 같다.

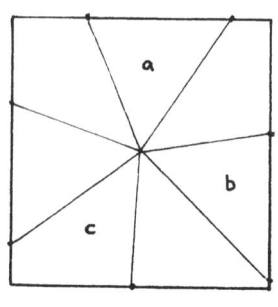

각 케이크 조각의 둘레는 모두 같을 것이다.

좋은 점은 케이크 위쪽에 있는 크림 부분 역시 같다는 것이다. 넓이가 같은 삼각형으로 되어 있기 때문이다! 먼저 a와 b라고 표시된 삼각형의 케이크 조각을 보자. 각 삼각형의 높이는 케이크 중심에서 가장자리까지의 거리이다. 케이크가 사각형인 한, 어떤 부분의 가장자리를 재는지는 중요하지 않다. 두 개의 삼각형은 높이가 같으니 말이다. 한 가지 더, 우리는 이미 삼각형을 측정했으며, 밑변이 같다는 것을 안다. 만약 삼각형의 높이와 밑변이 같다면 그것은 아래에 있는 케이크 조각도 같은 넓이의 크림(케이크 위쪽에 덮여 있는)을 갖고 있다는 말이다. 물론 그 아래에 있는 스펀지케이크의 양도 같고. 그러므로 케이크 조각 a와 b의 크기는 정확하게 같다!

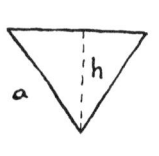 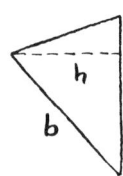 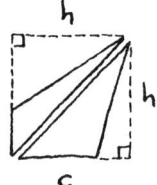

이제 케이크 조각 c가 두 개의 작은 삼각형으로 나뉘어 있다고 상상해 보자. 두 개의 삼각형은 하나의 사각형 안에 있으므

로 높이가 같으며, 두 삼각형의 전체 넓이는 밑변을 서로 더해서 계산해야 한다. 그런데 이 두 삼각형의 밑변을 각각 더해 보면 케이크 조각 a의 밑변과 같다는 것을 알 수 있다. 그러므로 조각 c는 조각 a와 b와 넓이가 같다!

케이크의 다른 조각들도 모두 정확히 같은 크기이며, 같은 양의 크림으로 덮여 있다!

"휴우." 루이기가 한숨을 쉬며 말했다. "수학 덕분에 죽을 뻔한 위기에서 살아났군. 이제 마음 놓아도 되겠어."

바로 그때 문이 열렸다. 마치 향수로 몸을 감싼 듯한 여자가 멋진 상자 하나를 들고 있었다.

"돌리 스노립스!" 사내들이 입을 모아 소리치며 뛰어나갔다.

"다들 진정해요." 돌리가 느릿느릿 말했다. "사랑하는 친구에게 선물을 좀 줄까 해서 들렀어요."

돌리는 또각또각 구두 소리를 내며 홀 건너편에 있는 포키에게 가더니 상자를 건네주었다.

"고, 고맙습니다." 얼굴이 빨개진 삼겹살 포키가 더듬으며 말했다.

"그런데 내 선물은 열어 보지 않을 거예요?" 돌리가 긴 손톱으로 포키의 뺨을 부드럽게 두드리며, 웅얼거리듯이 말했다.

모두가 지켜보는 가운데 포키는 더듬더듬 리본을 풀었다. 그런 다음 상자 뚜껑을 열었더니 거기에는······.

"이게 뭐죠?" 모두가 상자 안에 있는 검은 물체를 쳐다보는 사이, 전기톱 체인소가 물었다.

"내가 직접 구운 거예요." 돌리가 자랑스럽게 말했다.

"당신이 이걸 구웠다고요? 주방에서?" 면도칼 블레이드가 웃음을 터트렸지만 돌리의 냉랭한 눈빛에 웃음을 참아야 했다. 북극곰의 발가락도 얼려 버릴 것 같은 눈빛이었다.

"난 못 할 것 같아요?" 돌리가 말했다. "난 루이기 같은 패배자가 요리를 할 수 있다면 누구든 할 수 있다고 생각해요. 그리고 돌아가신 어머니가 남긴 유일한 물건이 바로 뜨겁게 요리하는 기계거든요. 그걸 뭐라고 부르는 이름이 있던데?"

"오븐." 사내들이 말했다.

"네, 어쨌든……." 돌리가 말했다. "내 생각엔 이것으로 놀이를 할 수 있을 것 같은데, 아저씨들은 이게 뭐라고 생각해요?"

"삼각형…… 같은데요." 삼겹살 포키가 말했다.

"집에 예쁜 케이크 틀이 없어서 당구장에서 삼각형 틀을 빌렸어요. 당구공을 당구대 가운데 둘 때 쓰는 거 말예요."

"이렇게 생긴 케이크는 처음이에요." 삼겹살 포키가 말했다.

"이런 맛의 케이크도 먹어 보지 못했을

거예요." 돌리가 말했다. "이건 제가 특별히 개발한 요리법으로 만든 거예요. 물론 모두 당신 거랍니다. 자, 어서 이리로 와요, 포키."

케이크의 냄새는 돌리의 향수 냄새보다 더 지독했다. 사람들은 모두 케이블 뒤쪽으로 물러서 코를 막았다.

"어서 먹어 봐, 포키!" 족제비 위즐이 웃었다. "크게 한입 먹어 봐."

"그리고 꼭꼭 잘 씹어야지." 외손가락 지미가 잘난 척하며 말했다.

"다 먹고 나면 접시도 깨끗하게 핥아야 한다." 찰리가 한 마디 더 했다.

포키가 칼을 다시 꺼내 들자 사람들은 웃음을 참을 수가 없었다.

"못 하겠어요!" 삼겹살 포키가 말했다.

"뭘 못 하겠다는 거예요?" 돌리가 심술궂게 물었다.

"혼자서는 못 먹겠다고요! 이 멋진 케이크를 여기 있는 제 친구들하고 같이 먹겠어요. 물론 아가씨가 허락한다면 말이죠."

순간 주위가 쥐죽은 듯 조용해졌다.

"마음씨가 정말 착하군요." 돌리가 말했다. "여러분, 모두 한 조각씩 먹어 보세요!"

"아니야, 포키. 어떻게 네 걸 먹을 수 있겠어……." 면도칼 블레이드가 말했다.

"오, 난 괜찮아." 포키가 말했다. "게다가 너희들 모두 돌리 양에게 이렇게 케이크를 만들어 주어서 고맙다고 말씀드리고 싶어 하잖아. 안 그래?"

다른 여섯 명은 억지로 앞으로 나왔다.

"다른 사람보다 큰 조각을 먹고 싶지 않아." 반쪽 미소가 반쯤 웃으며 말했다.

"나도 싫어." 면도칼 블레이드가 말했다. "그러니까 케이크를 공평하게 잘라야 돼. 알았지?"

"안 돼!" 주방 통로를 통해 몰래 엿보고 있던 루이기가 중얼거렸다. "싸움은 이제 그만!"

루이기에게는 정말 다행하게도, 케이크는 정삼각형 모양이었다. 케이크의 세 변이 모두 같은 길이였으며, 정사각형이 그런 것처럼 중심으로부터의 거리도 같았다. 이것은 중요한 일이었다. 삼겹살 포키가 조금 전에 한 것처럼 케이크를 자를 수 있기 때문이었다. 포키가 해야 할 일이라고는 케이크의 가장자리의 길이(둘레)를 재서 7로 나눈 다음 가운데 중심점으로부터 자르는 것뿐이었다.

각 조각의 가장자리는 길이가 같다.

이렇게 해서 케이크를 자르면 밑변의 길이와 높이가 같은 여러 개의 삼각형이 나오게 된다.

놀랍게도 이 방법은 어떠한 정다각형에도 쓸 수 있는데(다음

장에 가면 모든 종류의 다각형에 대해 배울 수 있다) 그 뒤에는 꼭 이런 반응이 나온다.

직접 해 보기

물론 〈앗! 시리즈〉의 팬들이라면 이 책에 쓰여 있는 걸 그대로 믿지는 않을 것이다. 대신 직접 실험해 보는 걸 좋아할 것이다. 여러분이 주방에서 밀가루, 계란, 물, 버터, 크림, 식용유 그리고 냉장고에서 굴러다니는 야채와 마가린, 우유를 가지고 케이크를 만든 것도 사실은 모두 실험하기 위한 것이었다. 준비한 것을 잘 섞은 다음 전자레인지에 넣고 한 시간 정도 돌리자 완벽한 정사각형의 스펀지케이크가 되었다. 물론 아무런 장식도 되어 있지 않은 상태였다(게다가 전자레인지의 잘못으로 까만색으로 변해 있었다). 그래서 이젠 찬장에서 뭔가 케이크 위에 바를 것을 찾아야 했다. 그런데 으깬 생선살 페이스트(어묵 만들 때 쓰는 것) 통밖에 없었다. 하는 수 없이 생선살 페이스트 통의 뚜껑을 열자……

"하하!" 이런 소리가 들렸다.
"내가 나올 줄은 몰랐지?"
무시무시한 찰거머리 박사가 통 밖으로 나와 기쁨에 겨워 깔깔댔다. "조만간 네 녀석이 덫에 걸릴 줄 알았지."

"거기 얼마나 숨어 있었던 거예요?" 여러분은 놀라서 쳐다보며 이렇게 묻겠지? 왜냐하면 박사의 온몸이 생선 기름으로 번들거리는 데다, 셔츠 안쪽에서는 분홍색의 뭔가가 흘러내리기 때문이었다.

"숨은 게 아니야!" 박사는 버럭 소리를 질렀다. "좋아, 실은 다랑어 녀석하고 먹이사슬에서 누가 더 위에 있는지에 대해 논쟁을 하고 있었어. 하지만 지금은 그게 중요한 게 아니야. 내가 내는 무시무시한 케이크 문제를 풀지 못하면, 네가 나 대신 병 속에 들어가야 하거든."

박사를 무시하고 싶지만 그러기엔 냄새가 너무 지독했다. 물론 정상적인 생선살 페이스트의 냄새는 무척 고소해서 군침이

흐를 정도다. 하지만 박사가 머리부터 통째로 병 속에 들어가 있다고 생각해 보자. 분명 입맛이 뚝 떨어질 것이다. 더구나 그곳에서 샤워도 하지 않고 몇 주일씩이나 있었다면 화장실 냄새가 나는 것도 무리가 아니었다.

"넌 저 사각형의 케이크를 모두 같은 크기로 8조각으로 잘라야 해." 교수가 말했다.

"그게 문제예요?" 여러분은 대답한다. "생각했던 것만큼 무시무시하지는 않네요."

"하하." 박사가 비웃었다. "무시무시한 부분은 바로 이거야. 칼을 단 세 번만 쓸 수 있다는 거지."

"아직은 괜찮아요." 여러분은 케이크를 4조각으로 자른 다음 각 조각을 하나씩 차례로 쌓아 올렸다. 그러고는 그것을 한 번에 반으로 자르자 케이크가 8조각이 되었다.

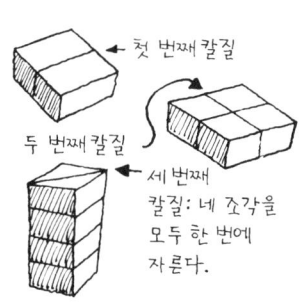

"안 돼!" 박사가 소리쳤다.

"칼질을 세 번 해서 똑같은 크기의 케이크 8조각을 만들되, 절대로 케이크를 움직여서는 안 돼. 어때? 진짜 무시무시하지?"

자, 서두르자! 여러분은 과연 고약한 생선살 페이스트 냄새에 쓰러지기 전에 박사의 문제를 풀 수 있을까?

답 : 두 번 칼질을 해서 케이크를 4조각으로 나눈다. 세 번째로는 케이크를 수평으로 자른다. 그래서 케이크를 위층과 아래층으로 나눈다. 그러면 똑같은 크기와 모양의 케이크 8조각이 나온다.

3번째 칼질을 하는 곳

삼각형의 세 각을 합하면 180°가 될까?

이쯤에서 곰 사냥꾼과 함께 잠깐 기분 전환을 하고 가자.

● 어느 사냥꾼이 곰을 잡기로 결심했다. 사냥 캠프에서 나와 남쪽으로 1킬로미터 정도 가자 곰이 보였다. 그는 능글맞게 웃으며 총을 꺼냈다. 일이 너무 쉽게 풀렸기 때문이다.

● 그런데 곰이 총을 잡더니 이빨로 두 조각을 내어 뱉어 버렸다.

● 사냥꾼은 걸음아 나 살려라 하고는 동쪽으로 1킬로미터를

달려갔다.

- 사냥꾼은 다시 1킬로미터쯤 북쪽으로 달려서 사냥 캠프로 돌아왔다. 그러고는 땀에 젖은 속옷을 갈아입었다.

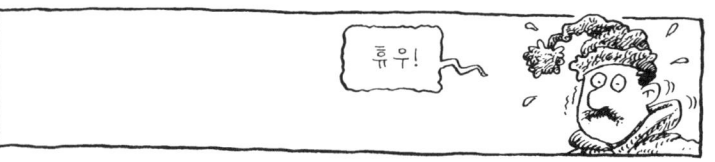

- 그럼 곰은 무슨 색깔이었을까?

이 문제에는 이상한 점이 두 가지 있다. 하나는 분명하다. 곰이 무슨 색깔이었는지 어떻게 알 수 있을까? 그리고 다른 하나는 이것이다. 사냥꾼은 어떻게 다시 사냥 캠프로 돌아갈 수 있었을까? 1킬로미터 남쪽으로 가고, 1킬로미터 동쪽으로, 다시 1킬로미터 북쪽으로 가면 사냥 캠프에서 1킬로미터 떨어진 곳이어야 하기 때문이다.

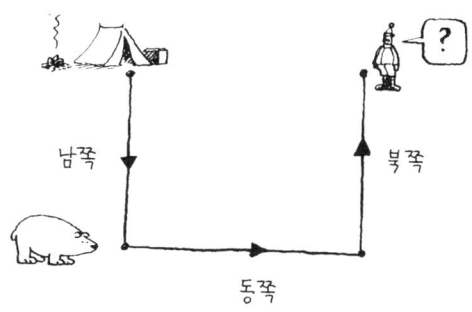

그런데 사실은 이 설명이 맞는 곳이 지구 상에서 딱 한 군데 있다!

탐험가의 베이스캠프가 북극에 있다고 치자. 탐험가는 먼저 1킬로미터 남쪽으로 간다. 그런 다음 동쪽으로 1킬로미터 가는데 이것은 사실 북극을 중심으로 한 작은 호(반지름이 1킬로미터인 호)가 된다. 그리고 마지막으로 북쪽으로 1킬로미터 가면 다시 북극으로 돌아오게 되는 것이다!

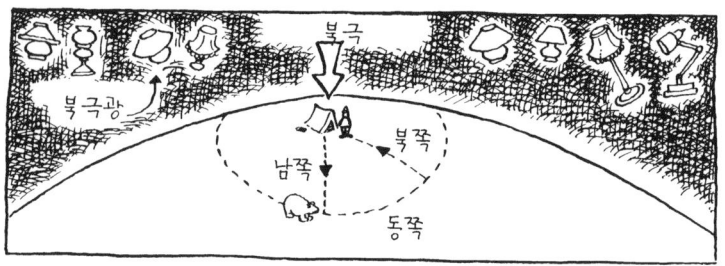

그럼 이 곰은 북극곰임이 분명하다. 색은 물론 흰색이다!

재미있는 점은 탐험가가 직선으로 세 번을 걸었더니 결국 삼각형이 되었다는 것이다. 하지만 탐험가가 걸었던 각도는 모두 90°씩 세 번이므로 270°. 일반적인 삼각형의 세 각의 합인 180°보다 훨씬 크다. 무서운 사실은, 평평한 종이가 아니라 구(공 모양) 위에 삼각형을 그릴 경우, 꼭짓점의 각을 모두 합하면 180°에서 540°까지 다양하다는 것이다.

구부러진 표면 위에 그려진 삼각형은 볼수록 놀라운 존재가 아닐 수 없다. 하지만 안타깝게도 삼각형 부분은 이미 10페이지 전에 끝났다. 따라서 이제는 그만 떠나야 한다. 슬프지만 어쩔 수 없다.

다각형

어떤 도형이든지 곧게 뻗은 변으로 된 것을 다각형이라고 부른다.

이런, 이 책이 그만 야유하기 좋아하는 친구들 손에 들어갔군! 좋아, 그렇다면 다시 해 보자.

어떤 도형이든지 곧게 뻗은 변으로 된 것을 다각형이라고 부른다. 단 하나의 변만 직선인 경우는 예외.

이런 말을 하면 바보라는 소리를 듣는다. 두 개의 직선으로 된 도형은 그릴 수 없기 때문이다.

그렇다! 정말이다. 따라서 이제부터는 여러 가지 다각형을 보려고 한다. 그중에서도 여러 종류의 육각형으로 시작해 보자. 육각형이란 각이 6개, 변도 6개인 다각형을 말한다. 아래 그림 중 세 개는 불규칙 육각형이다. 이 육각형들은 안쪽으로 울퉁불퉁 들어가 있다. 하지만 수학적으로 말하면 이건 꼭 필요한 게 아니다.

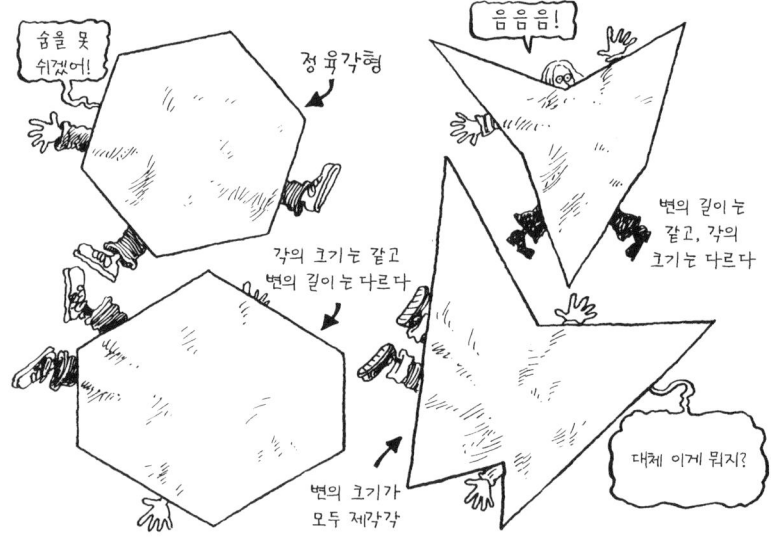

다각형은 변의 개수가 몇 개인지, 각의 개수가 몇 개인지에 따라 이름이 결정된다.

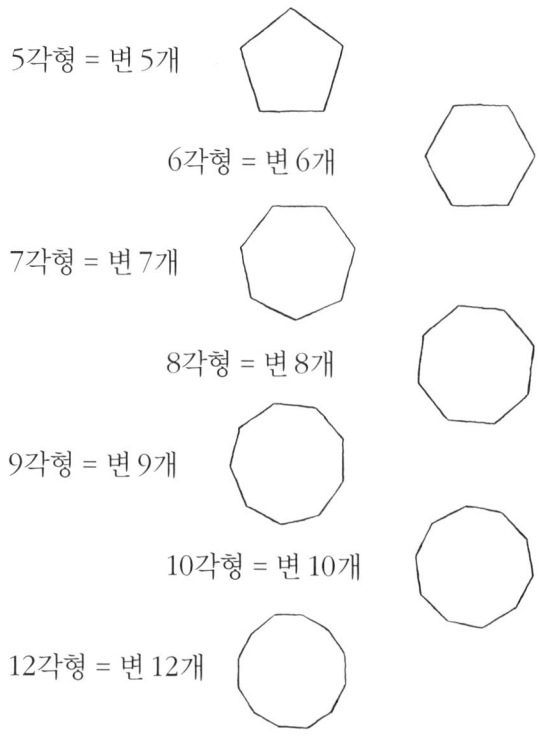

5각형 = 변 5개

6각형 = 변 6개

7각형 = 변 7개

8각형 = 변 8개

9각형 = 변 9개

10각형 = 변 10개

12각형 = 변 12개

또한 변의 길이가 모두 같은 경우에는 앞에 '정' 이라는 말을 붙인다.

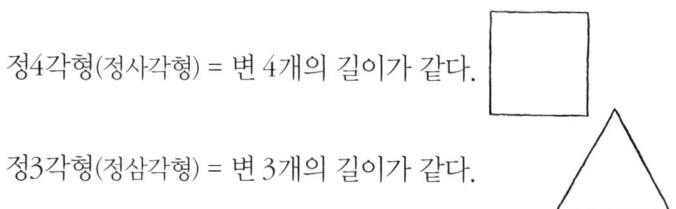

정4각형(정사각형) = 변 4개의 길이가 같다.

정3각형(정삼각형) = 변 3개의 길이가 같다.

이 책에서는 여러 가지 종류의 도형을 보여 주고 있지만, 우리가 지금 알아야 하는 것은 정사각형과 정삼각형, 두 가지이다.

다각형을 삼각형으로 쪼개기

조용한 경기장 안으로 태양이 비치고 있었다. 관중들은 두려운 마음으로 모래 위에 누워 있는 두 개의 합동인 7각형을 바라보았다. 경기장의 양쪽 끝에서 두 명의 검투사가 들어왔다. 도끼족 우르굼이 한쪽 7각형에 다가섰고, 곰족 그리젤다는 반대쪽 7각형으로 갔다.

두 사람은 경계하는 눈빛으로 상대를 보았다. 그런 다음 각자 무기를 들었다. 그런데 무슨 경기냐고? 두 사람은 7각형을 가장 작은 수의 삼각형으로 나누어야 했다. 귀빈석에서는 라플라스 공주가 금박을 입힌 삼각자를 들고 있었다. 사람들은 모두 불안한 눈으로 공주가 시작 신호를 주기를 기다렸다. 공주는 지우개로 삼각자를 두드렸다. 하지만 아무도 그 소리를 듣지 못했다. 공주는 다시 더 세게 두드렸지만 여전히 아무 일도 일어나지 않았다. 공주는 온 힘을 다해서 두드렸다. 그러나 사실 경기장을 가득 메우고 있는 사람들의 귀에 지우개로 삼각자를 두드리는 소리가 들릴 리 만무했다.

"오, 제발!" 결국 공주는 소리쳤다. "경기 시작!"

그러자 두 사람이 경기를 시작했다.

비록 시작 신호는 좀 엉뚱했지만 공주는 머리가 좋은 편이었다. 우르굼은 그동안 그리젤다의 고양이가 창틀에 있는 화분에 장난치는 걸 알고는 전쟁을 벌이겠다고 위협하고 있었다. 그리젤다는 그럴 리 없다고 말했다. 야만족의 문제는 뒤로 물러설 때를 모른다는 것이다. 공주가 이번 대결을 제안하지 않았다면 '잊힌 사막'에 있는 모래가 모두 피에 젖을 판이었다. 사실 이 싸움의 승자는 상대방의 머리를 가져가게 되어 있었지만 공주는 그런 일은 피하고 싶었다.

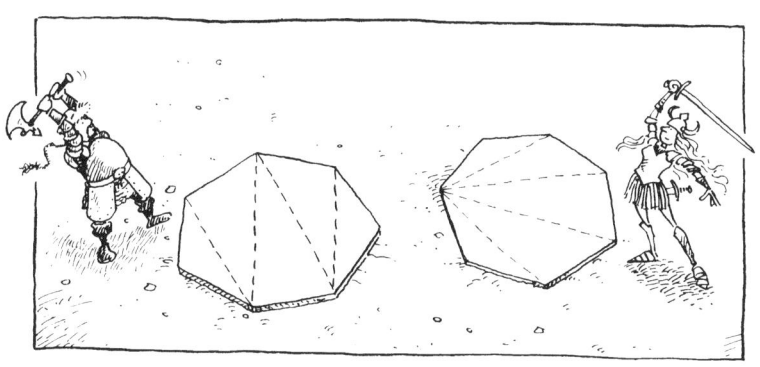

다각형을 가장 작은 수의 삼각형으로 자르려면 우선 모퉁이에서 모퉁이로 잘라야 한다. 위 그림을 보면 우르굼과 그리젤다가 어떻게 다각형을 자를지 나와 있다. 두 사람의 방법은 서로 다르지만 같은 수의 삼각형을 만들어 낼 수 있다. 공주는 이번 경기에서 지는 사람은 독수리의 밥이 될 거라고 말했다. 이런!

다각형은 어떤 것이든 삼각형으로 나눌 수 있으며, 그 삼각형의 수는 다각형이 갖고 있는 변의 수보다 항상 2가 작다. 따라서 7각형의 경우엔 항상 5개의 삼각형이 나오며 9각형은 7개의 삼각형이 나온다.

이것은 다각형에 있는 각을 모두 합하면 얼마가 되는지 계산하는 데에도 편리하게 사용된다. 삼각형에 있는 각을 모두 합하면 180°, 그러므로 삼각형의 개수에 180°를 곱하면 된다. 예를 들어 이렇게 말이다.

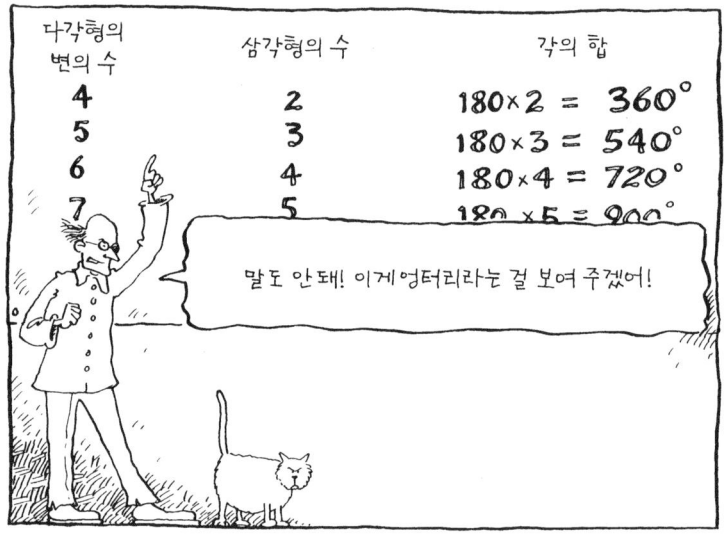

오, 이런! 이렇게 멋지고 간단한 아이디어를 찰거머리 박사가 망칠 수 있을까요?

이거 야단났군. 아직 비린내가 좀 나긴 하지만 박사의 말이 맞다. 문제는 나누어진 삼각형에는 모서리(원래 모서리였던 곳 포함)가 4개가 있고 그중 한 곳의 각이 180°라는 사실이다.

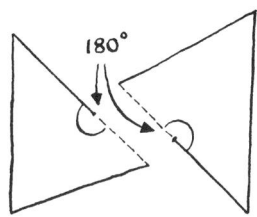

너무 헷갈린다고? 좋아, 그럼 헷갈리지 않도록 다른 규칙을 하나 더 말해 보겠다. 삼각형을 만들 때, 모서리가 있는 변을 자르거나 늘이지 않아야 한다. 자, 그럼 이런 모양이 된다.

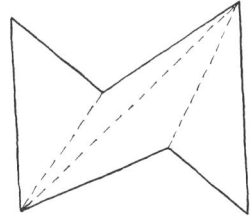

훨씬 낫군! 이제 여러분은 직선으로 된 다각형이 아무리 무시무시한 모양이더라도 삼각형으로 나눌 수 있다.

정다각형 그리는 법

정다각형은 변의 개수에 상관없이 누구나 그릴 수 있는데 그중에서 특히 그리기 쉬운 게 있다. 정다각형을 그리는 방법에는 여러 가지가 있지만, 제일 좋은 방법은 원을 그린 다음 원 안에 맞춰서 다각형을 그리는 것이다. 먼저 종이 가운데에 작은 점을 찍은 다음 어떤 다각형을 그릴지 생각해 보자.

다각형은 어려운 정도에 따라 여러 단계로 나뉜다.

 재미있다  하품이 날 수 있다

 신기하지만 조금 복잡하다 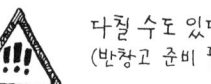 다칠 수도 있다 (반창고 준비 필수)

육각형(육변형) 그리기

정다각형 중에서 제일 그리기 쉽다.

1. 먼저 원을 그린 다음, 컴벌거유(**컴퍼스를 벌**린 다음 그 **거리**를 **유지하기**)하고, 원의 가장자리에 컴퍼스의 끝을 댄다. 그리고 아래의 그림처럼 원의 둘레에 두 개의 작은 호를 그린다.

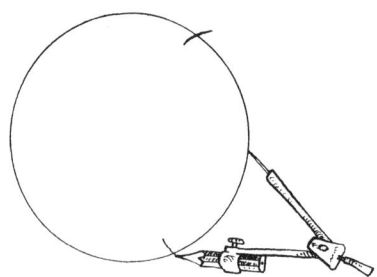

2. 컴퍼스의 끝을 조금 전에 그린 작은 호에 대고 다시 원의

둘레 위에 호를 그린다. 그런 다음 컴퍼스를 새로 그린 호 위로 가져가서 다시 호를 그린다. 원 둘레에 여섯 개의 호가 그려질 때까지 계속한다.

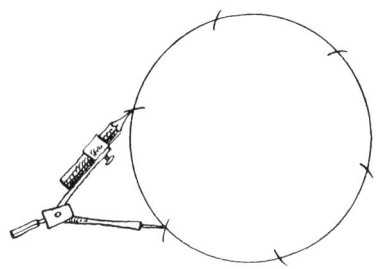

3. 자를 꺼내서 여섯 개의 호를 연결한다.

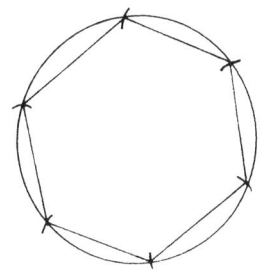

정삼각형 그리기

육각형 그리는 방법과 똑같다. 다만 마지막에 호를 연결할 때, 하나 걸러 하나씩 연결하는 점이 다르다. 지금까지는 〈앗! 시리즈〉 독자들에게 너무 쉬웠다고 생각한다. 좀 더 재미있게 하고 싶다면 눈을 가리고 한번 해 보자. 단, 컴퍼스의 끝에 손가락이 찔릴지도 모르니 피를 닦을 손수건을 미리 준비해 두자.

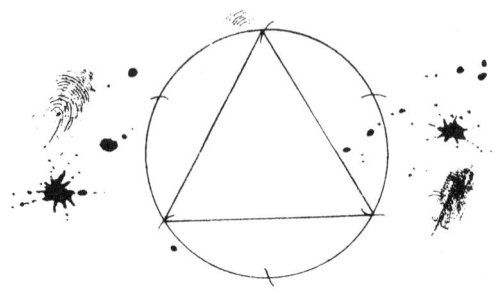

정사각형 그리기 ⚠️

정사각형을 그리는 방법은 대각선을 이용해서 그릴 것인지, 한쪽 변을 이용해서 그릴 것인지에 따라서 두 가지로 나뉜다. 그러나 두 가지 모두 시작은 같다.

1. 컴퍼스로 원을 그린 다음 원의 지름을 가로로 그린다.
2. 컴퍼스를 조금 더 벌린 다음 끝을 지름의 한쪽 끝에 고정한다. 그 상태에서 지름을 지나가도록 호를 하나 그린다. 컴벌거유하고, 컴퍼스의 끝을 지름의 반대쪽 끝에 고정한 뒤 호를 하나 더 그린다.

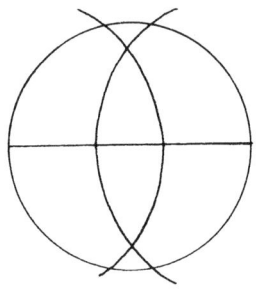

3. 두 개의 호가 서로 만나는 두 개의 점을 잇는 직선을 그린다. 이때 직선의 끝이 원에 닿을 수 있게 한다.

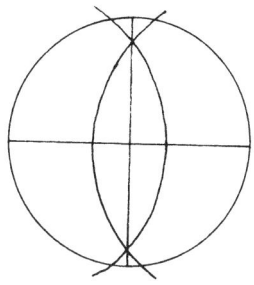

4. 직선이 원과 만나는 점 네 개(지름에서 2개, 방금 그린 직선에서 2개)를 서로 이어 준다. 그러면 정사각형 탄생! 마름모 모양의 정사각형이 싫다면 원의 지름을 수평이 아니라 사선으로 그으면 된다.

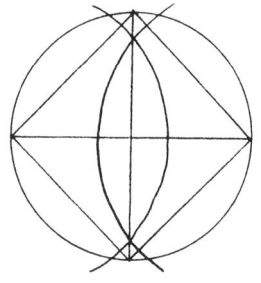

5. 원의 반지름을 한 변으로 하는 정사각형을 그리고 싶다면, 컴퍼스를 원의 반지름에 맞추어 다시 벌린다. 그런 다음 이렇게 한다.

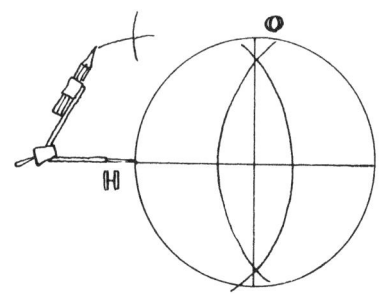

6. 컴퍼스의 끝을 H에 대고, 이쯤이면 정사각형의 나머지 꼭 짓점이 오겠다 싶은 곳에 대강 작은 호를 그린다. 컴벌거유하고 컴퍼스의 끝을 다시 O에 대고 작은 호를 하나 더 그린다.

7. H와 O 그리고 2개의 작은 호가 만나는 점을 서로 이으면 정사각형이 된다. 그런 다음 재빨리 지우개로 보기 싫은 선을 지우면 멋진 원과 정사각형만 남는다. 그러면 다들 어떻게 했는지 몰라 궁금해할 것이다.

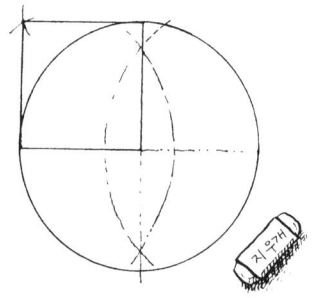

8. 이제 새로 만든 정사각형을 축하하기 위해 파티를 열자. 그러면 수많은 사람들이 몰려들어 어떻게 이렇게 멋진 정사각형을 만들 수 있었는지 놀라워하며, 여러분의 열성 팬이 될 것이다. 그리고 여러분과 기념사진을 찍기 위해서라면 무슨 일이든 할 것이다.

다른 정다각형들

이 부분은 이 책에서 유일하게 몇 가지 계산을 해야 하는 곳이다. 필요한 각을 찾기 위해서는 몇 가지 간단한 숫자를 나누어야 하기 때문이다(재미있는 사실은, 까다롭기로 소문난 고대 그리스 사람들은 각의 크기를 재고 나누는 걸 촌스러운 일이라고 생각했다는 것이다). 하지만 앞에서 우리는 이 책에서 전혀 계산을 할 필요가 없다고 약속했다. 따라서 여러분을 위해 미리 모든 답을 구해 두었다. 우리에게 감사할 필요는 없다. 이게 우리 일이니까.

그렇게 해서 만들어진 게 바로 정7각형이다. 그럼 어떻게 된 것인지 살펴보자.

보시다시피 정7각형에 있는 모든 꼭짓점이 하나의 원 위에 있다. 따라서 먼저 여러분이 그리고 싶은 도형과 같은 크기의 원을 그려야 한다. 원의 중심에 작은 십자 표시를 한 뒤 한쪽 반지름을 그린다(중심에서 바깥쪽으로 선을 그린다).

이제 그림을 보면서 생각해 보면, 정7각형에는 이렇게 가운데에서 뻗어 나간 선이 7개 있어야 한다는 걸 알 수 있다. 지금부터 할 일이 바로 이 선을 그리는 것으로, 나누기도 이때 등장한다. 먼저 우리는 각각의 선 사이의 각이 같아야 한다는 것을 알고 있다. 그리고 원의 전체 각도는 360°이다. 따라서 360을 7로 나누면 된다. 계산은 360÷7=51°(실제로는 51.428571°이다. 하지만 예리한 외과수술용 레이저와 오스트레일리아 크기만 한 종이가 없다면 그리는 게 불가능하므로 간편하게 51°라고 하자. 그렇게 해도 문제가 없으니까.)

이제 각도기를 꺼내서 원 속에 있는 반지름으로부터 51°만큼 표시한 뒤 반지름을 그리자. 그런 다음 51°를 재서 반지름을 그리고 계속 그렇게 하면 된다.

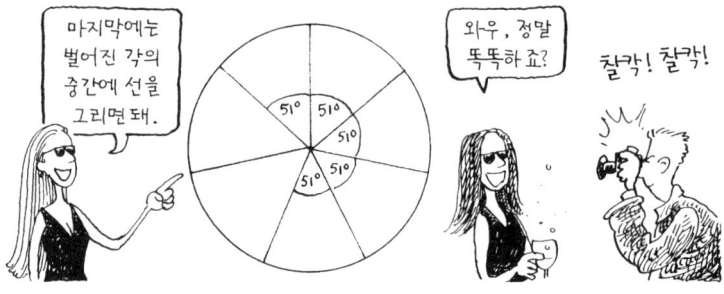

힌트 : 마지막 선을 그릴 때는 각을 재지 않아도 된다. 그냥 남아 있는 각의 중간에 선을 그리면 된다. 어쩌면 정확한 각이 나오지 않을지도 모르지만 일이 훨씬 편해진다.

마지막으로 7개의 선이 원과 만나는 점을 모두 연결하면 드디어 정7각형이 된다!

가운데 있는 반지름 사이에 있는 각을 '중심각'이라고 한다.

그 각은 정7각형의 경우, 앞에서 본 것처럼 51°이다. 나누기를 할 시간을 아끼기 위해, 여러 가지 다각형의 중심각을 알아보자.

도형	중심각
3각형	120°
4각형	90°
5각형	72°
6각형	60°
7각형	약 51°
8각형	45°
9각형	40°
10각형	36°
360각형	1°
1000각형	0.36°
10^{100}각형	0.000000000000000000000000000000000000000000000000000000000000000000000000000000000000000000000000036°

주의 : 10의 100제곱각형은 절대 위험(반창고 소지 필수) 카테고리에 들어간다. 왜냐하면 핵전쟁이 일어나 시뻘건 거인만큼 커져 버린 태양이 지구를 삼켜 버리는 날이 와도 10^{100}각형을 다 그릴 수 없기 때문이다.

정다각형에 관한 몇 가지 사실

만약 방금 직접 정7각형을 만들었다면 정다각형에 대한 몇 가지 사실을 알게 되었을 것이다.
● 정다각형의 꼭짓점은 항상 원에 닿아 있다.

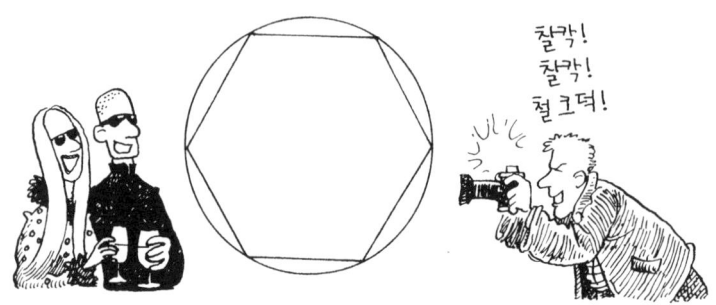

● 정다각형의 모든 변에 닿을 수 있는 원을 정다각형 안에 그릴 수 있다.

● 정다각형에서는 좌우가 대칭이 되는 직선이 변의 수만큼이나 무척 많다(좌우대칭이란 그림에서처럼 점선으로 표시된 부분을 접었을 때 왼쪽과 오른쪽이 똑같이 접히는 것을 말한다).

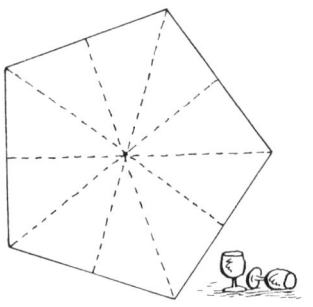

● 정다각형에는 회전대칭을 할 수 있는 점이 변의 수만큼이나 많다(회전대칭이란 도형을 돌렸을 때 처음에 위를 향했던 곳이 어디였는지 알 수 없다는 뜻이다).

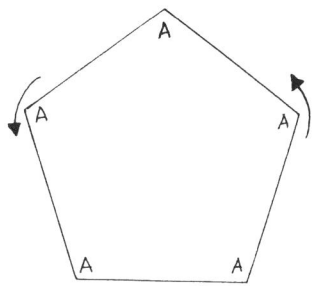

- 모든 중심각은 크기가 같다.(예를 들어 7각형의 중심각은 앞에서 본 것처럼 모두 51.428571°이다. 만약 중심각이 다르다면 그건 정다각형이 아니라는 뜻.)
- 외각은 중심각과 같다. 이것은 기하학의 기본적인 법칙에 들어가지만 이렇게 보는 게 이해하기 쉽다.

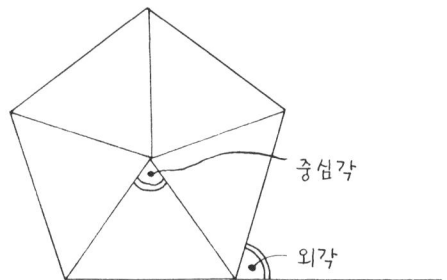

중심각은 가운데 있는 각으로, 정다각형의 변 하나를 밖으로 연장해서 그릴 경우, 연장한 선과 정다각형 사이에 있는 각을 외각이라고 한다. 정다각형에서 이 두 개의 각은 항상 같다.

증명하라고 해도 괜히 걱정할 건 없다. 증명하는 것이 생각보다 쉽거든. 지금까지 배운 이 세 가지 사실만 기억하면 된다.
1. 삼각형의 세 각을 모두 합하면 180°이다.
2. 이등변삼각형은 두 개의 변과 두 개의 각이 같다.
3. 합동삼각형은 모든 게 정확하게 같다.

앞에 나온 5각형의 바깥에 원을 그리면 이런 모양이 된다.

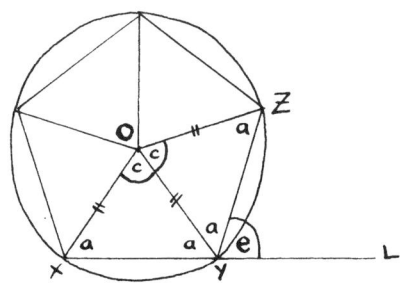

먼저 삼각형 OXY를 보자. 두 개의 변 OX와 OY는 둘 다 원의 반지름이므로 길이가 같다. 따라서 이 삼각형은 이등변삼각형이며, a라고 표시한 각들은 모두 크기가 같다.

삼각형 OYZ는 삼각형 OXY와 같은 모양, 같은 크기(다른 말로 하면 '합동')이다. 왜냐하면 두 변의 길이가 같고, 중심각 c의 크기가 같기 때문이다. 이것은 곧 두 개의 삼각형에서 a라고 표시한 각 역시 모두 같다는 것을 말한다.

마지막으로 우리는 삼각형의 세 각의 합이 180°라는 것을 알고 있다. 따라서 삼각형 XOY의 경우에는 a+a+c=180°가 된다. 그리고 우리는 직선에 있는 각을 모두 합하면 180°라는 것도 알고 있다. 그러므로 직선 XL의 경우에는 a+a+e=180°이다.

만약 a+a+c=180°이고 a+a+e=180°면 c와 e는 같아야 한다.

따라서 중심각은 외각과 같다. 이것은 모든 정다각형에 해당되는 규칙이다. 심지어 329각형이라고 해도 말이다.

지금까지 머리가 좀 아팠겠지만, 마지막으로 몇 가지 재미있는 사실을 알아보기로 하자.
- 정다각형을 이용하면 예쁜 별을 그릴 수 있다. 정다각형 바깥쪽으로 선을 연장하기만 하면 된다. 이렇게 말이다.

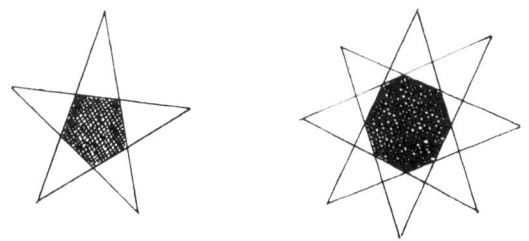

만약 별을 좀 더 뾰족하게 만들고 싶다면 이렇게 해 보자.
1. 시작은 앞에서 7각형을 만든 것과 같다. 원의 반지름과 다각형의 변이 만나게 될 곳에 작은 십자 표시를 한다. 하지만 아직 선을 이어서 다각형을 만들지는 않는다.
2. 이제 처음에 그린 원 바깥에 조금 더 큰 원을 하나 그린다. 작은 원의 반지름을 큰 원의 반대쪽 변에 닿을 때까지 연장해서 그린다(아래의 그림처럼 하면 된다). 그런 다음 그 선이 원과 만나는 곳에 작은 십자를 표시한다.

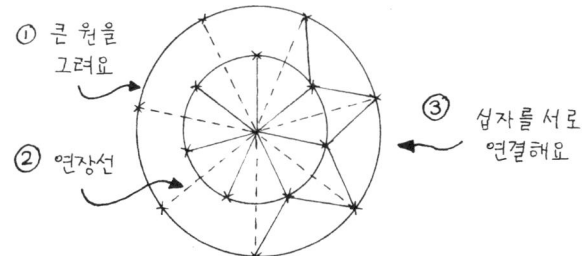

3. 작은 십자를 서로 연결해서 별 모양을 만든다! 별 모양 외에 다른 지저분한 걸 모두 지우면 완벽한 별만 남는다. 두 번째 그리는 원이 더 클수록 더욱 뾰족한 별이 된다.

다각형에 관한 내용은 대부분 재미있지만, 한 가지 정말 이상한 게 있다. 그게 뭔지 알고 싶다면 우선 심호흡부터 하자.

너무 썰렁하다고? 그러게 경고했잖아.

다각형 쌓기

아파트와 집은 대부분 직각으로 된 사각형 모양으로 되어 있는데 이것은 모서리가 딱 들어맞기 때문이다. 물론 정7각형의 집이 줄줄이 서 있는 거리가 있을 수도 있다. 하지만 이건 좀 보기 이상하다. 7각형으로 되어 있는 아파트는 더 이상하다!

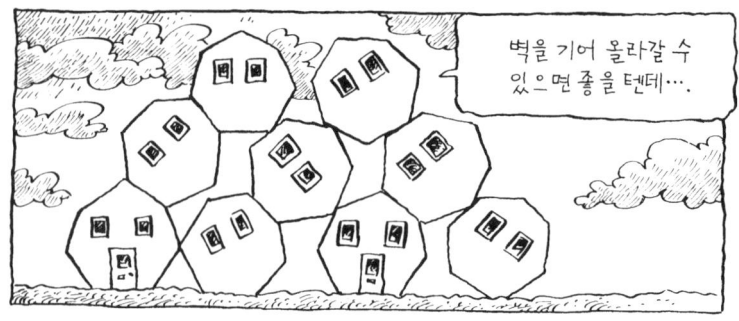

이런 아파트에는 온갖 문제가 생기는데 그중에서 제일 큰 문제는 집과 집 사이에 버리는 공간이 많다는 것이다. 그래서 아파트를 지을 때 정사각형과 직사각형으로 하는 것이다.

모두가 직사각형으로 되어 있을 때 또 하나 좋은 점은 바닥이 수평이라는 것, 그리고 벽이 수직이라는 것이다. 하지만 안 좋은 점도 하나 있다. 바로 공간이 작다는 것! 무슨 말이냐면 이것과 정확하게 같은 양의 건축 재료를 가지고 좀 더 큰 아파트를 만들 수 있다. 그것도 누구나 살고 싶어 하는…… 6각형의 아파트를!

6각형은 모서리가 딱 맞을 뿐만 아니라 4각형보다 내부가 더 크다(둘레가 60미터인 정사각형을 그릴 경우 그 넓이는 225평방미터이지만, 둘레가 60미터인 정육각형은 넓이가 260평방미터이다).

물론 6각형의 집을 만들기란 쉽지 않다. 하지만 이건 우리가 꿀벌만큼 똑똑하지 않기 때문이다. 꿀벌이 만드는 벌집을 보면 6각형의 방으로 되어 있다는 걸 알 수 있다. 꿀벌은 최대한의 공간을 확보하기 위해 6각형을 이용한다. 따라서 건축의 효율성 면에서 점수를 매기자면 벌 1점, 인간 0점.

이상한 건물과 외계인의 유머

세계적으로 유명한 건물 중에는 특이한 모양을 따서 이름을 지은 경우가 많다. 그래서 우리 〈앗! 시리즈〉에서는 특별팀을 만들어서 미국 국방부의 건물을 왜 '펜타곤(Pentagon)'이라고 부르는지 진짜 이유를 밝혀 보기로 했다.

우선 국방부를 '헥사곤(Hexagon)'으로 지었다고 생각해 보자. 헥사곤은 6각형이라는 뜻의 라틴어이다. 그런데 그만 저 먼 우주에 있는 악당 외계인이 헥사곤을 공격하기로 했다면…….

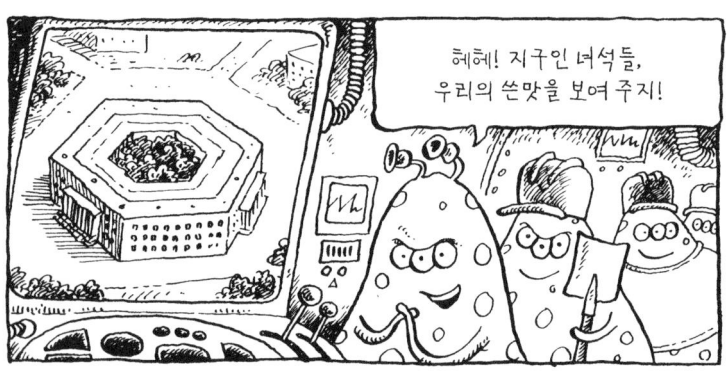

물론 미국 사람들은 똑똑해서 이런 일이 생길 줄 알고 있었다. 그래서 6각형이 아니라 5각형으로 지은 것이다.

물론 이런 사실은 철저하게 비밀로 부쳐져 있다. 따라서 만약 펜타곤 관광버스를 타고 가다가 안내원에게 물어보면 분명 아무렇지 않은 척 껄껄 웃으면서 말도 안 되는 소리라고 할 것이다. 하지만 여러분은 그게 사실임을 알 것이며, 그들 역시 여러분이 알고 있다는 걸 눈치 챌 것이다. 하지만 제일 중요한 것은, 그들이 그러한 사실을 눈치 챘다는 걸 여러분이 알게 될 거라는 사실이다. 그리고 진짜 그들을 신경 쓰이게 하는 것은 여러분이 모든 걸 알아챘다는 걸 그들이 알게 된다 해도 그들은 아무 일도 할 수 없다는 것이다.

완벽한 은폐

어떤 모양을 빈틈없이 완벽하게 덮을 때 이것을 '모자이크식 포장'이라고 한다. 그런데 이것은 해 볼 수 있는 실험이 몇 가지 안 된다. 정다각형 중에서 이용할 수 있는 것은 정삼각형, 정사각형, 정육각형뿐이기 때문이다.

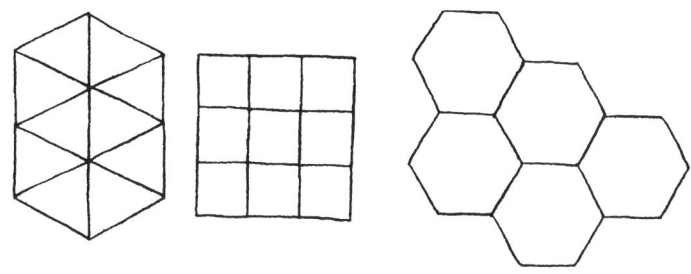

불규칙한 도형의 경우엔 어떤 삼각형이나 사각형이든 쓸 수 있다. 안 그러면 오각형 이상의 도형을 직접 만들어 볼 수도 있다. 이렇게……

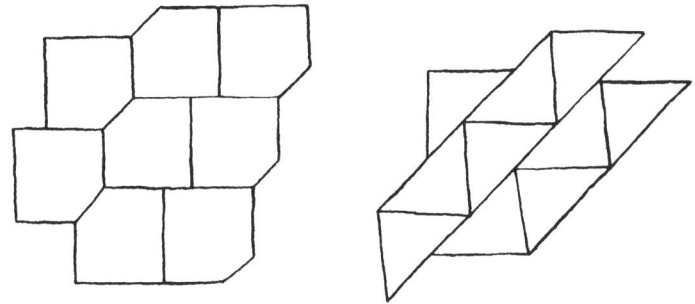

화가인 M. C. 에셔(네덜란드의 화가로 기하학을 응용한 착각을 이용하여 있을 수 없는 세계를 사실적으로 그려 냈다)는 이런 모양을 만드는 능력이 뛰어났다. 다음의 그림은 에셔의 작품 중 일부분으로 여러분에게 어떻게 하면 좋을지 힌트가 되어 줄 것이다.

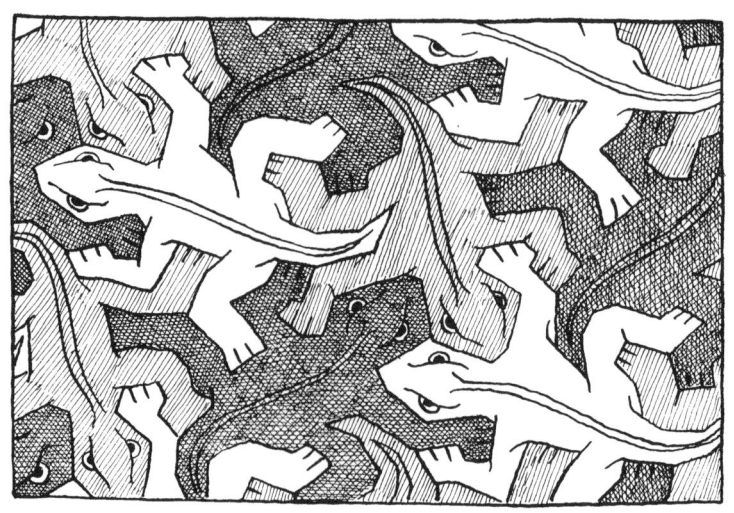

사람들은 표면을 덮을 때 때로는 2개 이상의 다른 모양을 이용한다. 일반적으로는 팔각형과 사각형을 많이 쓰는데, 이런 모양은 마룻바닥의 타일에서 쉽게 볼 수 있다.

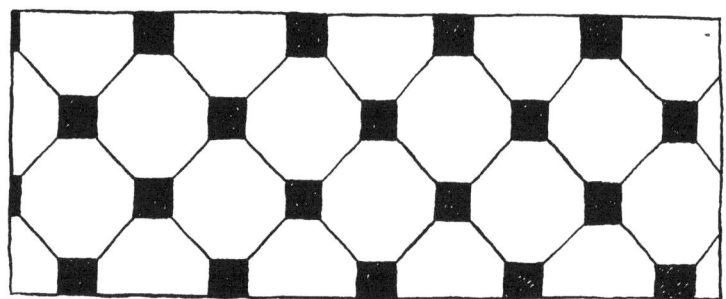

그런데 이런 패턴에 대해 한 가지 알아야 할 게 있다. 계속해서 반복된다는 것이다. 사실 예쁜 모양의 벽지도 무늬를 따라가다 보면 처음의 모양이 반복된다는 걸 알 수 있다. 물론 이건 잘못된 게 아니다. 하지만 만약 여러분이 뭔가 좀 괴상한 걸 해보려고 한다면, 반드시 있어야 할 게 있다.

펜로즈 타일

펜로즈 타일은 로저 펜로즈라는 수학자가 만든 것으로 놀라운 수학적 발명품 중 하나이다. 여러분이 진정한 〈앗! 시리즈〉 팬이라면 이 이름을 기억해야 한다. 왜냐하면 펜로즈는 수학에서 가장 멋진 이름 중 하나이기 때문이다.

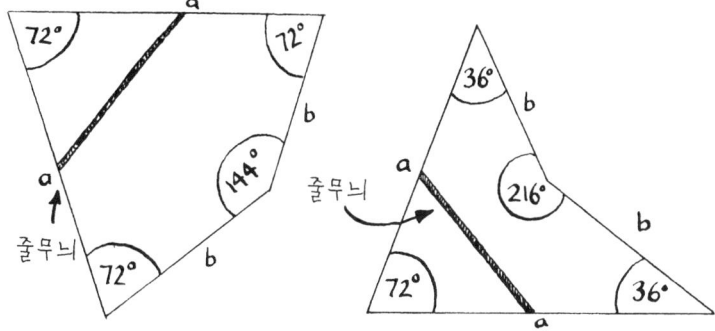

- 두꺼운 종이 위에 이렇게 생긴 두 개의 도형을 그린다. 이때 최대한 각을 정확하게 그려야 한다. 그리고 변a는 모두 길이가 같아야 하며, 변b 역시 길이가 같아야 한다.
- 조심해서 두 개의 도형을 자른다.
- 이렇게 자른 것을 기본틀(유식한 말로는 스텐실이라고 한다)로 해서 두 개의 도형 모두를 아주 많이 만든다. 가능하다면 두 종류의 도형 모두 여러 색깔의 종이로 만들어 보자.
- 각각의 도형에 줄무늬를 그린다. 이때 줄무늬의 끝은 정확하게 변a의 중간에 와야 한다.

이제 지금까지 만든 종이 타일을 서로 붙이는데 되도록 빈틈 없이 넓은 곳을 덮을 수 있도록 한다. 참, 한 가지 규칙이 있는데 줄무늬의 끝이 반드시 서로 이어져야 한다.

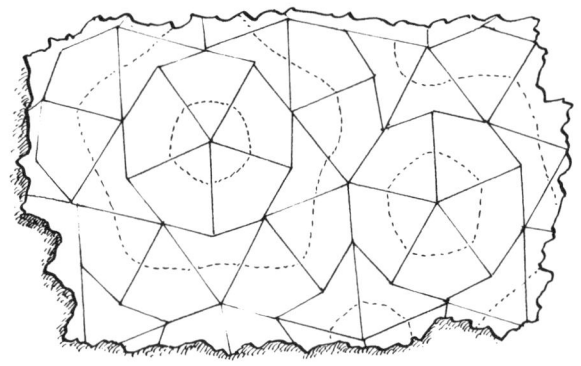

놀랍게도 타일의 패턴은 절대 반복되지 않는다. 심지어 축구장 하나를 모두 덮는다고 해도 말이다.

모두 구부러지고 꼬이고

정다각형의 놀라운 점 중 하나는 우주 어디를 가더라도 정사각형은 언제나 같은 모양이라는 것이다. 이것은 정삼각형, 정오각형, 정육각형 등도 마찬가지이다. 따라서 여러분이 정다각형과 친하다는 것을 보여 준다면, 우주에 있는 어떤 생명체도 여러분을 똑똑하다고 인정하게 될 것이다. 심지어 저 우주 한 구석의 잔프 행성에 있는 식당에서도……

또한 여러분은 재치 있는 기지와 매력으로 인해 지구 방위 연합의 관심을 받게 되며, 그 때문에 지금 이렇게 우주에서 가장 호화스러운 식당에 앉아 있게 된 것이다. 불행하게도 식탁 맞은편에는 '조그 행성'에서 온 골락족의 대장이 앉아 있다. 여러분의 임무는 외교적인 답을 찾아서 그들의 쓸데없는 침공 계획을 중단시키는 것이다.

오만한 식당 종업원이 주문을 받기 위해 미끄러지듯 다가온다. 물론 우주에서 가장 호화스러운 곳이니만큼 여러분이 좋아할 만한 메뉴는 없다. 어쨌든 여러분은 깊은 인상을 심어 주기 위해 최선을 다해야 한다.

이크! 종업원은 주방으로 가서 방금 있었던 일을 말한다. 그러고는 지구인은 참 살기 힘들겠다고 덧붙인다. 그러자 머쓱해진 여러분은 구겨져 있는 종이냅킨을 향해 손을 뻗는다.

잠깐! 소용없다. 아무 소용이 없다. 우주 전체가 알고 있듯이 문명화한 사회의 종이냅킨에는 완벽한 정사각형이 있어야 한다. 아마도 잔프 식당의 음식은 여러분이 생각한 것과 다르겠지만 최소한 그 사람들이 이해하고 존경할 수 있는 뭔가를 보여 줄 수 있다. 우선 연필을 꺼낸 다음 정사각형을 그리자.

상황이 걷잡을 수 없게 되었다. 어떻게든 여러분은 그들에게 냅킨에 정사각형이 있다는 것을 보여 주어야 한다. 하지만 어떻게?

답은 바로 종이접기이다. 하지만 이걸 바로 말하면 안 된다. 잔프 행성에서 종이접기란 '커다란 종에 머리를 부딪치고 싶을 정도로 끔찍한 발 냄새'를 뜻하기 때문에 자칫 말을 했다가는 그 자리에서 그대로 끝장날 수도 있다. 종이접기는 말보다는 행동으로 보여 주는 게 더 효과적이다.

여러분은 지금 종이냅킨을 정확하게 정사각형 모양으로 접어 우리의 문화가 얼마나 뛰어난지 우주 저 멀리 한구석에 있는 외계인에게 알려 주어야 한다. 그럼 종이를 가지고 완벽한 정사각형을 접는 방법을 알아보자.

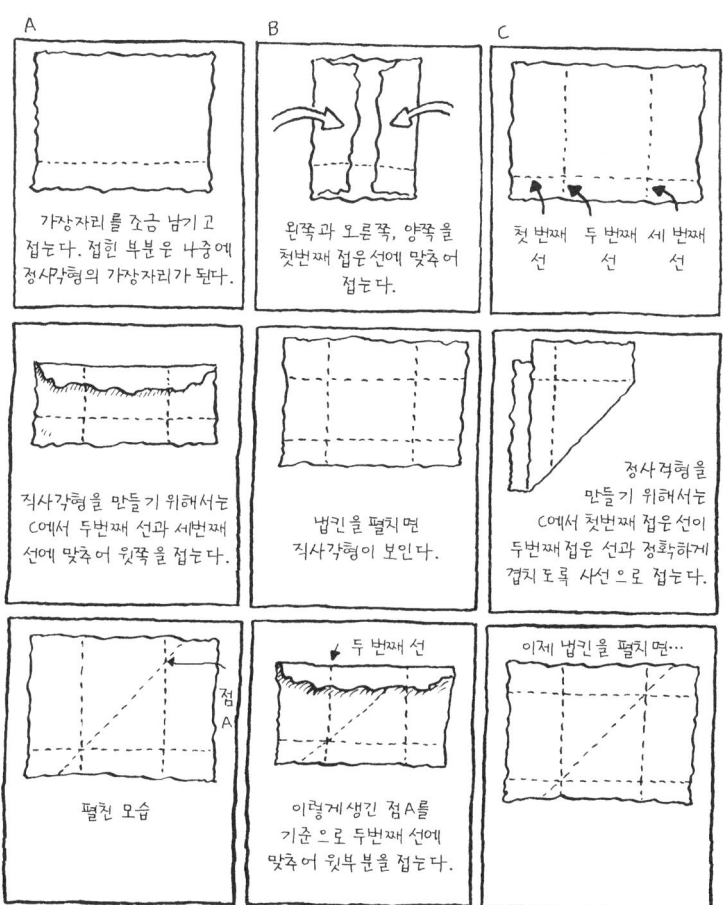

정확하게 접었다면 냅킨을 펼쳤을 때 완벽한 정사각형이 냅킨에 표시되어 있을 것이다. 그리고 금을 따라 냅킨의 가장자리를 모두 접어서 뒤쪽으로 넣어 버리면 정사각형의 냅킨을 갖게 된다. 그러면 식당의 직원들은 여러분을 집 떠난 여행자로 보기는 하되 야만인이라고 생각하진 않을 것이다.

다른 도형 접기

외계인의 식당을 제외하면 대부분의 식당에서는 직사각형 모양의 종이 냅킨이 놓여 있다. 사실 직사각형은 여러 모로 생활하기 쉽게 만들어 준다.(만약 냅킨이 이상한 모양이라면 앞에 나온 것처럼 접어서 직사각형이나 정사각형을 만든다. 그런 다음 가장자리를 가위로 잘라 깔끔한 사각형으로 만들면 된다.)

그럼 이쯤에서 재미를 위해 직접 한번 해 보자.

정사각형

직사각형에서 시작한다면 정사각형을 제일 쉽게 만들 수 있는 방법이 있다.

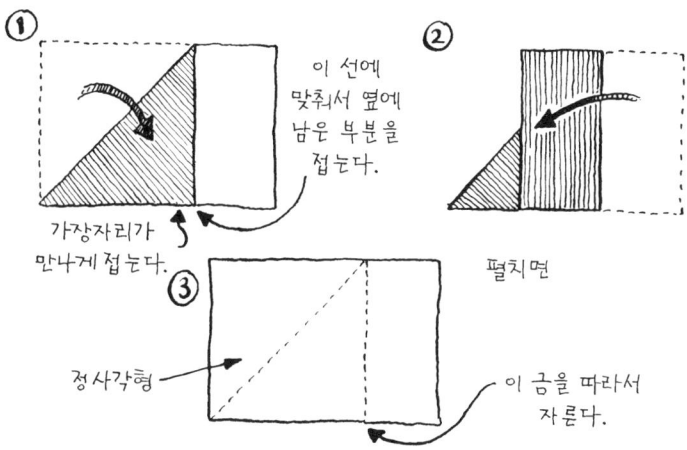

이등변삼각형

먼저 직사각형의 종이를 꺼낸다.

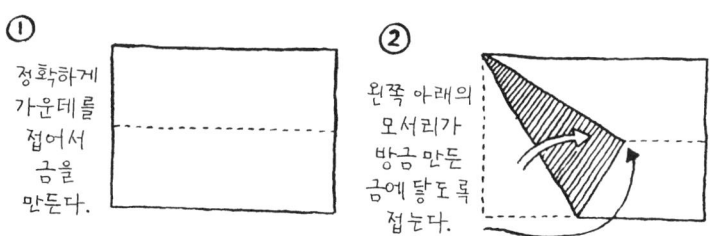

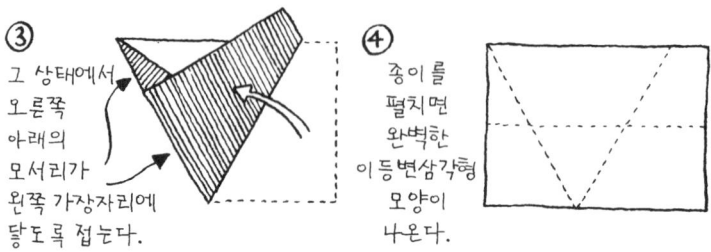

정육각형

이등변삼각형을 만들었다면 정육각형으로 바꾸는 건 식은 죽 먹기이다.

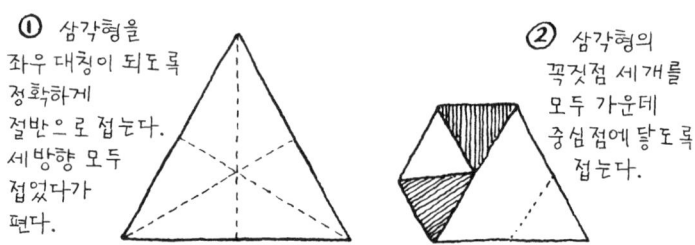

정오각형

여러분은 정오각형을 어떻게 접을까 벌써부터 걱정될 것이다. 모서리의 각은 모두 108°가 되어야 한다 등등 규칙이 까다로우니 말이다. 하지만 여기엔 두 가지 방법이 있으니 여러분에게 또 다른 방법을 찾아내라고는 하지 않겠다.

먼저 폼 나는 방법은 정사각형에서 시작하는 것이다.

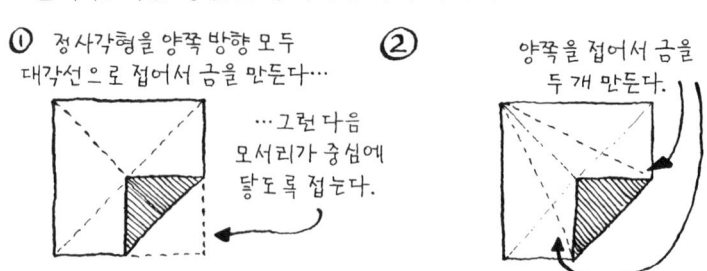

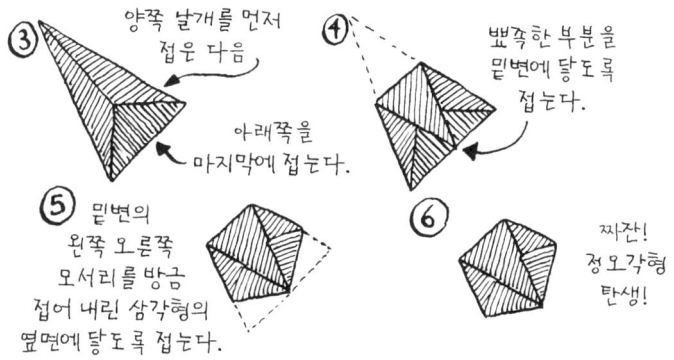

사실 이 방법은 박물관에 전시할 만한 오각형을 만들 경우에 어울린다. 그런데 만약 너무너무 급해서 이렇게 만들고 있을 시간이 없다면 다음과 같은 방법도 있다.

여기서 잠깐 앞의 얘기를 하면, 잔프 식당에서 정사각형을 접은 뒤로는 일이 너무 쉽게 풀렸다. 심지어 골락족이 음식 값을 대신 내 주겠다고 할 정도였다. 그런데 여러분은 현금등록기에서 나오는 영수증의 길이가 충분히 길어지자 갑자기 그걸 뜯어서 재빨리 매듭을 만들었다. 이렇게……

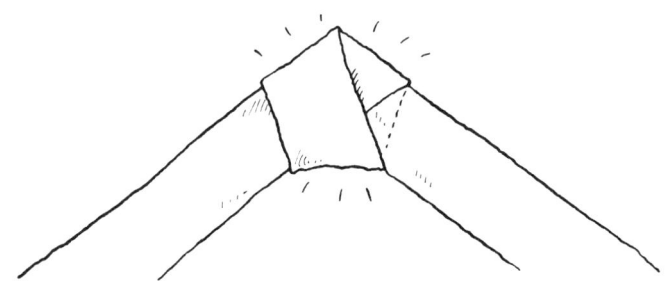

그래, 이게 바로 정오각형이다! 이건 사실 수학에서 제일 이상한 부분 중 하나이지만 오각형을 만들기 위해서는 아주 긴 모양의 직사각형 종이만 있으면 된다. 그걸로 매듭을 만들면 끝! 만약 아주 조심성이 많다면, 그리고 종잇조각을 계속해서 이어 나갈 수만 있다면, 그걸 아주 아주 긴 직사각형으로 만들어서 오각형을 만들 수 있다(특히 빨대의 경우 오각형을 만들기 쉬운데, 빨대를 납작하게 한 다음 매듭을 만들면 된다).

종이접기는 무척 재미있다. 어디에 가든지 온갖 재미있는 모양의 도형과 모양을 만들 수 있다. 이런 식으로 말이지……

종이를 갖고 조금만 장난을 치면 동물 모양도 만들 수 있다.

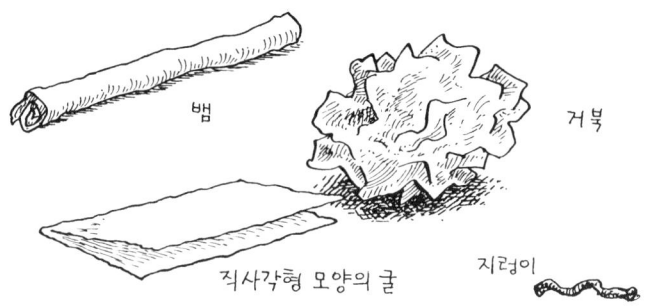

잔인한 원

아무 생각 없이 선과 원을 그리며 낙서를 하다 보면 수백 가지의 이상한 모양이 만들어지곤 한다. 이제 조금 간단한 방법 네 가지를 소개할 텐데, 혹시 컴퍼스가 없다고 해도 걱정할 필요는 없다! 원의 중심 같은 건 알 필요가 없기 때문이다. 그냥 동전이나 컵, 혹은 자전거 바퀴처럼 동그랗게 생긴 물건으로 원을 그리기만 하면 된다.

원과 관련된 놀이 1

- 종이가 다 차도록 커다란 원을 그린다.
- 원 둘레 아무 데나 점 6개를 찍는다.
- 이 점을 순서대로 A, B, C, c, b, a라고 이름 붙인다(이때 A와 a, B와 b, C와 c가 마주 보게 한다).
- A와 b를 연결하는 직선을 그린다. 그리고 B와 a를 연결하는 직선을 그린다. 그런 다음 두 직선이 서로 만나는 점에 × 표시를 한다.
- A와 c, C와 a를 연결하는 직선을 그린다. 그리고 두 직선이 서로 만나는 곳에 × 표시를 또 한다.

- 마지막으로 B와 c, 그리고 C와 b를 잇는 직선을 그린 다음 다시 × 표시를 한다.
- 이제 놀라운 사실을 알려 주겠다. 여섯 개의 점이 어디에 있었든지 간에 직선이 서로 만나는 점, 즉 ×라고 표시한 점은 언제나 하나의 직선 위에 온다는 사실이다!

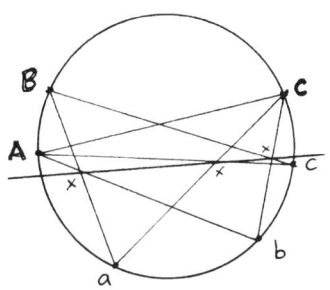

원과 관련된 놀이 2

- 중간 크기의 원을 그린다.
- 이제 원 바깥에, 원을 스치며 지나가는 선(이것을 접선이라고 한다)을 여섯 개 그린다. 접선은 원을 스쳐 지나가기는 해도 원 안으로 들어가면 안 된다. 이 여섯 개의 접선은 원의 어디를 지나가도 상관이 없다. 원 바깥에 있기만 하면 된다. 무슨 말인지 잘 모르겠다면 다음 페이지에 삽화가 리브 씨가 그린 그림을 슬쩍 보아도 좋다.
- 접선은 서로 여섯 군데에서 만나게 되는데 이곳을 먼저 위쪽을 1, 2, 3, 다시 아래쪽을 1, 2, 3의 순서대로 번호를 매긴다.
- 1과 1을 서로 연결하는 점선을 그리고 2와 2를 연결하는 점선, 다시 3과 3을 연결하는 점선을 그린다.

- 여기까지 잘 했다면 세 개의 점선이 모두 한 곳에서 만난다는 것을 알 수 있을 것이다!

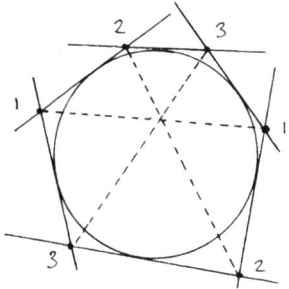

이 책의 뒤쪽에 보면 타원을 그리는 방법이 나오는데, 놀랍게도 방금 말한 두 가지 원칙은 타원에도 적용된다(그러니까 그림을 아주 아주 잘 그려야 한다!).

원과 관련된 놀이 3

- 3개의 원이 서로 조금씩 겹치게 그린다(아래 그림에서 C가 바로 서로 겹치는 곳이다). 3개의 원은 크기가 달라도 된다.
- 원과 원이 서로 만나는 점에 × 표시를 한다.
- 우선 원 하나를 골라서 이름을 데이지라고 부르기로 하자. 그리고 그 원의 가장자리 아무 데나 골라서 × 표시를 하고, 데이지의 이름을 따서 D라고 한다.
- D에서 데이지에 있는 두 개의 ×를 지나는 직선을 각각 길게 그린다. 밖에 있는 다른 원과 만날 때까지 선을 죽 그린 뒤 원과 만나는 두 점을 각각 A와 B라고 한다.

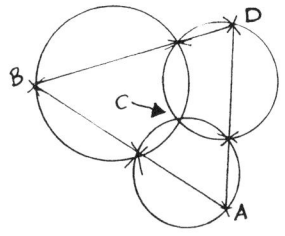

- A와 B를 서로 연결하면 그 선은 나머지 하나 남은 ×를 지난다!
- 이제 다른 색깔의 펜으로 다른 곳에 D 표시를 하자. 그리고 다시 선을 그리면 놀랍게도 같은 결과가 나타난다!

원과 관련된 놀이 4

- 종이에 커다란 원을 하나 그린다.
- 원 둘레 위에 마음대로 4개의 × 표시를 한다.
- × 표시를 서로 연결해서 4변형(사각형)을 만든다(이렇게 4변형의 꼭짓점이 모두 원을 지나가는 것을 내접사변형, 혹은 내접사각형이라고 한다). 서로 마주 보는 각 두 곳에 빗금을 친다. 이런 식으로…….
- 4변형을 가위로 자른 뒤 빗금 친 부분을 뜯어내자.
- 빗금 친 각 두 개를 서로 합하면 직선이 된다! 뿐만 아니라 빗금을 치지 않은 각 두 개도 서로 합하면 직선이 된다.

이렇게!

사실 이 마지막 놀이는 수학 법칙이기도 하다. '내접사각형의 서로 마주 보는 각의 합은 항상 180°이다.'

180°는 곧 직선을 말하므로, 이 법칙에 의하면 서로 마주 보는 두 각을 서로 합하면 항상 직선이 된다.

흥! 누가 겁낼 줄 알고! 수학의 문제점은 만약 여러분이 뭔가를 한다고 말하면 항상 왜 그러냐고 묻는 사람이 있다는 것이다. 다행히 이번 문제는 증명하기가 별로 어렵지 않다. 여러분은 이등변삼각형이 무엇인지, 그리고 원의 반지름이 항상 같다는 것만 기억하면 된다.

다음 그림은 내접사각형으로, 어떻게 법칙이 들어맞는지 보여 주겠다. 우선 가운데 중심점을 표시하고 4개의 꼭짓점과 각각 연결을 한다.

꼭짓점에서 나온 선은 모두 길이가 같으므로 4개의 삼각형은 모두 이등변삼각형이다. 따라서 각 삼각형은 모두 크기가 같은 각을 2개씩 갖고 있으며, 이 각들은 a와 a, b와 b, c와 c, d와 d 이다.

이제 사각형을 자른 다음 이 8개의 각을 모두 합하면 360°가 된다. 원이 된다는 말씀.

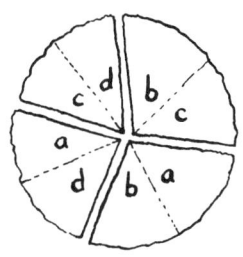

한 가지 더 알아야 하는 것은 8개의 각에는 a, b, c, d가 모두 2개씩 있으므로 이 네 각을 합하면 180°밖에 안 된다. 즉 직선이라는 뜻이다.

이제 도형을 보고 두 개의 마주 보는 각을 고르자. 그러면 각각 a, b, c, d가 될 것이다. 따라서 어느 쪽이든 마주 보는 두 개의 각을 합하면 180°가 된다. 어때, 증명했지?

좋다. 하늘을 날아갈 것 같지는 않겠지만 그래도 솔직히 기분은 꽤 괜찮을 것이다. 안 그래?

패스트벅의 쓰레기 처리기

패스트벅 신문
주석 도금된 혀의 공포

패스트벅에 있는 주석으로 도금된 혀를 만드는 공장이 아이러니하게도 성공으로 인해 희생될 수 있다고 한다. 최근 주석으로 도금된 혀에 대한 수요가 갑자기 늘어나자 이곳에 있는 혀 공장에서는 밤낮으로 주석 혀를 만들었다. 왜 그렇게 인기가 있는지 묻자 공장장인 댄 화이트 씨는 이렇게 대답했다. "저희들의 주석 도금 혀는 스스로 말을 합니다." 하지만 커다란 회전 탱크가 말을 듣지 않는 바람에 공장에서 만들어낸 혀 조각들이 넘쳐날 지경에 이르렀다. 이대로 아무 조치도 취하지 않는다면 도시 전체가 주석으로 된 혀로 뒤덮일 게 분명하다. 현재의 소감을 물어보자, 화이트 씨는 입을 꼭 닫았다.

또다시 불쾌한 도시 패스트벅으로부터 이상한 뉴스가 들려왔다! 조사를 더 해 본 결과 탱크는 혀를 긴급 배출하려고 했지만, 패스트벅에 있는 게 다들 그렇듯, 탱크를 열기 위한 손잡이가 탱크 한가운데 있었다. 그리고 손잡이를 잡기 위해서는 탱크 가장자리에 사다리를 걸쳐 놓고 그 위로 기어가는 수밖에 없었다. 하지만……

……사다리는 탱크 한가운데에 걸쳐 놓을 만큼 길이가 충분하지 않았다(손잡이 바로 위에 사다리를 걸쳐 놓을 수 없다는 뜻이다). 손잡이에 가장 가까이 갈 수 있는 방법은 사다리 중간에 가서 팔을 뻗는 것이다. 하지만 손잡이는 아슬아슬하게 잡을 수 없다(하지만 아직 혀가 꿈틀거리며 수군거리고 있으니 절대 아래쪽을 보면 안 된다).

그럼 좀 더 손잡이 가까이 사다리를 움직이는 건 어떨까?

대답은 '안 된다'이다. 왜 그런지 그 이유를 알려면 우선 현에 대해 좀 알아봐야 한다.

오, 이런. 우리가 얘기하려는 건 그런 현이 아니다. 여기서 말하는 '현'은 원을 가로질러 놓이는 직선이다.

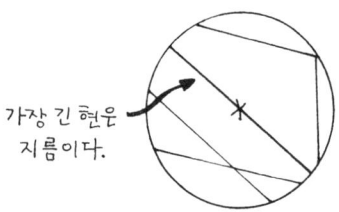

현 중에서 가장 길이가 긴 것은 원의 중심을 지나가는 것이다(물론 그것은 지름이다). 그런데 현에 관해 재미있는 사실이 하나 있다. '같은 길이의 현은 원의 중심으로부터 거리가 같다'는 것이다.

길이가 같은 현이 2개 있다고 하자. 원의 중심과의 거리를 재려면 정확하게 현의 절반 지점에서 중심까지 선을 그으면 된다 (28쪽에서 해변에 있던 대령이 그랬던 것처럼 수직으로 선을 긋는 것을 말한다). 직각으로 내린 선의 길이를 재면 이 2개의 현이 중심까지 같은 거리에 있는지 알 수 있다.

문제없다! 여러분에게 필요한 것은 원과 길이가 같은 2개의 현으로, 각 현의 끝을 원의 중심까지 연결하면 된다. 그러면……

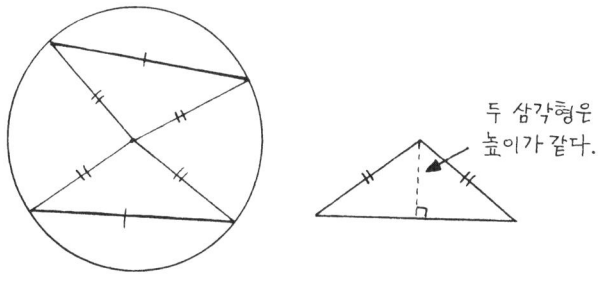

두 삼각형은 높이가 같다.

……2개의 합동삼각형이 만들어진다. 각 삼각형의 두 변은 원의 반지름으로 길이가 같다. 세 번째 변은 처음 우리가 처음 시작했던 현으로 역시 길이가 같다. 삼각형의 세 변의 길이가 모두 같으면 두 삼각형은 합동이므로, 두 삼각형은 높이가 같아야 한다. 여기서 높이는 바로 현과 원의 중심까지의 거리를

말한다.

정말 잘했군. 그런데 여기서 한 가지 잊은 게 있다. 바로 여러분이 패스트벅의 혀 탱크 위에 매달려 있다는 것. 그리고 사다리 어디에 있든 여러분은 손잡이에 손이 닿지 않을 것이다. 따라서 조금만 실수해도 사다리에서 미끄러져 징그러운 혀 속으로 떨어져 죽게 된다.

만약 사다리가 2개 있는데 두 개 모두 탱크의 지름보다 길이가 좀 짧다면 어떨까? 지금까지 배운 《도형이 도리도리》의 지식을 이용하면 혹시 손잡이를 잡을 수 있지 않을까?(사다리 2개를 묶어서 할 생각은 하지 말자. 왜냐하면 안전 면에서는 빵점인 방법이니까!)

답 :

현과 카메라

현은 성격이 좀 특별하다. 우선 여러분이 커다란 원으로 된 방에 있다고 생각해 보자. 그리고 누군가 아주 커다란 여러분의 초상화를 벽에 세워 두었다고 생각하자. 어때, 근사하지? 이제 여러분은 카메라(줌 같은 복잡한 기능이 없는 카메라)를 들고 맞은편 벽에 선다. 카메라를 통해 보면 초상화의 가로가 카메라 뷰파인더와 똑같다는 걸 알 수 있을 것이다. 그런데 이상한 건 여러분이 어디에 서든 벽에 딱 붙어 있기만 하면 초상화의 가로가 뷰파인더와 같다는 것이다!

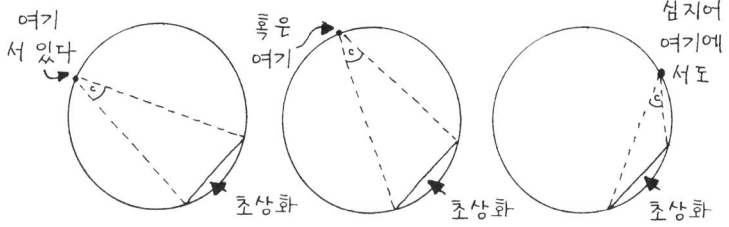

렌즈가 고정되어 있는 카메라는 위 그림에 C라고 표시된 것처럼 언제나 같은 크기의 각을 갖는다. 그런데 만약 원에 어떤 현이 있고, 원 위에 있는 어떤 점으로부터 그 현의 양끝을 향해 직선을 그으면, 점의 위치에 상관없이 두 직선 사이의 각은 같다. 언제나!

알았어요. 알았으니까 제발 조용히 좀 하라고요! 하지만 증명을 하려면 1분 정도 기다려야 한다. 수학에서는 이런 말이 있다. 중심에 있는 각은 가장자리에 있는 각(원 가장자리에 있는 각을 원주각이라고 한다)보다 2배 크다. 과연 그런지 그림을 볼까?

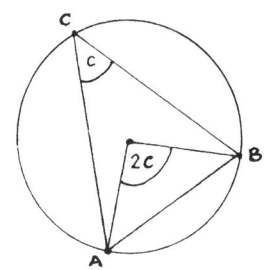

이미 짐작하고 있겠지만 여기에 집중하고 하나씩 차근차근 따라가기만 하면 여러분은 이게 항상 사실이라는 것을 증명할 수 있다! 원과 관련된 비밀을 풀기 위한 열쇠는 항상 중심과 관련이 있으며, 여러 개의 이등변삼각형이 등장하게 된다. 그런 다음엔 조금만 머리를 쓰면 비밀을 밝힐 수 있다.

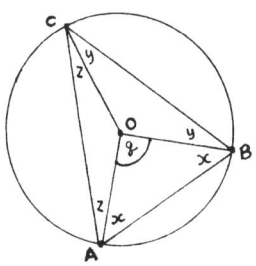

우선 이 그림이 뭔지 볼까? 원의 반지름은 항상 같으므로 위에 있는 세 개의 삼각형은 모두 이등변삼각형이며, xx, yy, zz로 표시한 것처럼 양끝에 있는 각의 크기가 같다. 여러분의 현은 바로 AB, 그리고 여러분은 가운데 q라고 표시한 각이 각C(C는 앞 페이지 밑의 그림에 있다)의 2배라는 것을 밝혀야 한다.

위의 그림에서는 각C가 z와 y로 나뉘어 있다. 그러므로 C=z+y이다. 만약 q가 C의 2배라고 생각해 보면 여러분이 증명해야 하는 것은 q=2z+2y. 자, 그럼 안전벨트를 매고, 출발!

● 삼각형의 각을 모두 합하면 180° 이므로 삼각형 AOB는 q+x+x=180° 이다(이것을 q+2x=180° 라고 써도 된다).

● 커다란 삼각형 ABC도 마찬가지로 세 개의 각을 합하면 180° 가 되어야 한다. 따라서 쪼개져 있는 각을 모두 합하면 2x+2y+2z=180°.

● 그러면 q+2x와 2x+2y+2z 모두 똑같이 180°. 이것을 조금

다르게 쓰면 이렇다. q+2x=2x+2y+2z.
- 마지막으로 등호가 있는 식에서는 왼쪽과 오른쪽에 같은 것을 빼도 되므로 양쪽 모두에 공통적으로 있는 2x를 뺄 수 있다. 그러면 남는 것은…… q=2y+2z. 이런, 증명이 끝났군!

반가운 소식은 점C가 어디에 있든 상관없다는 것이다. 현을 기준으로 2개의 각이 같은 쪽에 있기만 하면 된다. 심지어 점C를 한쪽 귀퉁이로 밀어도 법칙이 적용된다. 이렇게……

……쉿! 다행히 졸고 있군. 그러니 증명 단계는 뛰어넘고 14쪽에서 보았던 원을 잠깐 다시 이야기하도록 하자.

원의 지름에 선을 그은 다음 원주각을 나타내면 이렇게 된다.

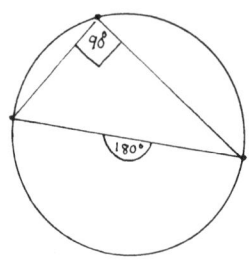

　방금 증명한 것처럼 중심각은 원주각의 2배이다. 이번 경우를 보면 지름은 직선이므로 중심각은 180°이다. 따라서 원주각은 180°의 절반인 90°여야 한다. 고대 그리스의 수학자 탈레스는 "반원에서의 각은 직각"이라고 말했다. 어때, 역시 맞는 말이지?

　이제는 상을 받을 시간이다. 〈앗! 시리즈〉 위원회는 지금 잔뜩 흥분해 있다. 원에 관한 마지막 항목을 발표할 수 있도록 동의해 준 아주 특별한 손님이 있다는 걸 발표하게 됐기 때문이다. 그러니 모두 우레와 같은 박수로 최고의 TV 스타이자 게임 쇼 진행자를 환영해 주기 바란다. 바로……

- 접선이란 원에 닿지만 원 안으로 들어가지 않는 선을 말한다.
- 접선의 크기에는 3가지가 있다. 중, 대, 초특대(패밀리 사이즈).
- 접점(접선이 원과 만나는 점)에서 접선과 반지름 사이의 각은 90°이다.
- 접선에는 바삭바삭한 초콜릿을 입힌 부드러운 크림 같은 중심이 있다.
- 원 밖에 있는 점에서는 2개의 접선을 그릴 수 있다. 이때 2개의 접선은 길이가 같다.
- 접선에는 여러 가지 맛이 있는데, 살랑살랑 오렌지, 향긋한 커피, 아삭아삭 레몬, 짭짤한 버섯 그리고 치약 맛이 있다.
- 누군가에게 얼마나 그 사람을 사랑하는지 보여 주고 싶다면 접선을 대하듯이 한다.
- 접선은 편의점에 가면 언제든 구할 수 있다.

그만! 재미없잖아! 어서…… 책 밖으로 나가!

휴우. 솔직히 이 사람이 온다고 말했을 때 조금 놀라기는 했다. 하지만 이렇게 촌스럽기 짝이 없는 농담을 할 줄은 몰랐다. 정식으로 사과하겠다. 그러나 여러분이라면 쓰레기 같은 말 중에서 보석을 골라 낼 수 있을 것이다.

바위와 굴림대

어느 날 '어드'의 동굴 밖에서는……

　지금은 모르는 사람이 없지만, 처음 원이 물건을 옮기는 데에 최고라는 걸 알았을 때는 다들 환희에 찼다. 원이 없었다면 스톤헨지나 피라미드를 만드는 데 사용한 커다란 바위들을 절대 옮기지 못했을 것이다.

　그런데 왜 원일까?

　사각형의 굴림대 위에 커다란 돌을 얹고 굴린다고 생각해 보

자. 굴림대를 굴릴 때마다 사각형에 있는 모서리 때문에 돌이 덜컹거리며 올라갔다가 내려갔다가 할 것이다(물론 이건 굴림대를 굴릴 수 있을 때의 이야기이다). 이건 아주 가파른 언덕 위로 돌을 옮기려고 땀을 흘려 본 사람이면 누구나 알 수 있다! 하지만 사람들은 깨달았다. 만약 돌 아래에 있는 굴림대가 둥근 모양이라면 좀 더 쉽고 부드럽게 움직일 수 있다는 것을.

둥근 모양의 굴림대가 잘 굴러가는 이유는 움직일 때 땅바닥으로부터 돌까지의 거리가 항상 같기 때문이다. 이것은 곧 어떤 방향에서 재어도 원의 지름이 같기 때문이라는 뜻이다.

다른 모양의 굴림대

놀랍게도 원이 아닌 다른 모양의 굴림대를 사용해도 돌을 부드럽게 옮길 수 있다. 원이 그런 것처럼 지름이 일정하지만 원과는 달리 모서리가 있다! 도저히 말도 안 되는 것 같지만…… 어쩌면 여러분의 주머니 속에 이런 모양의 것이 있을지도 모른다!(이렇게 **지름**이 **일**정한 **모양**을 줄여서 '지일모'라고 하자. 이제 이 책을 읽어 보지 않은 사람은 '지일모'라고 하면 청설모 사촌인가? 하면서 고개를 갸우뚱할 것이다.)

가장 간단한 지일모 그리는 법을 알아보자.

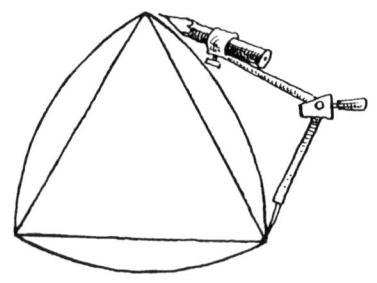

- 정삼각형을 하나 그린다.
- 컴퍼스의 끝을 한쪽 꼭짓점에 대고 컴퍼스 다리를 한쪽 변의 끝까지 벌린다. 그런 다음 반대편 변 위로 호를 하나 그린다.
- 다른 2개의 꼭짓점에서도 똑같이 한다.

앞의 그림처럼 마치 날개가 붙은 것 같은 삼각형이 되었을 것이다. 놀랍게도 이 모양은 지름이 일정한데 이것은 호 위에 있는 점이 어떤 것이든 반대편 꼭짓점으로부터 같은 거리에 있기 때문이다. 이런 모양의 굴림대를 굴리면 굴림대에서 제일 높은 부분이 항상 땅으로부터 같은 거리를 유지한다. 따라서 커다란 돌을 그 위에 얹어도 부드럽게 옮길 수 있는 것이다!

지일모를 꼭 정삼각형에서만 만들 수 있는 것은 아니다. 정다각형이라면 무엇이든, 정오각형이든 정구각형이든 변의 수가 홀수라면 어떤 것이든 만들 수 있다. 영국의 동전을 보면 20페니와 50페니가 칠각형으로 되어 있는데 각각의 변이 호를 그린 것처럼 살짝 휘어져 있다. 이 휘어진 부분의 중심은 맞은편 꼭짓점에 있으며, 이 동전들은 실제로 지일모이다! 이건 간단한 실험을 통해 보여 줄 수 있다. 필요한 것은,

- 20페니 동전 5개 이상(돈이 많다면 50페니짜리도 좋다)
- 고무찰흙 조금
- 수천 톤이나 되는 커다란 돌(사실은 두껍고 커다란 책이면 된다)

고무찰흙으로 동전을 앞뒤로 모양이 딱 맞게 붙여서 굴림대를 만든다.

동전 굴림대 위에 커다란 돌, 혹은 무거운 책을 얹고 책상 위에서 돌돌돌 굴려 본다.

굴림대에 모서리가 있으니 돌(혹은 책)을 굴릴 때 덜컹거리지 않을까? 천만에! 굴림대가 지일모(지름이 일정한 모양)이기 때문이다! 이제 여러분은 20페니 동전으로 만든 굴림대 덕분에 커다란 돌을 마치 병풍처럼 세워 놓고 밥을 먹을 수도 있다.

바퀴는 왜 항상 원이어야 할까?

바퀴와 굴림대는 그 위에 무엇을 얹고 굴리느냐에 따라 구분될 뿐 큰 차이가 없다. 바퀴를 움직이려면 바퀴의 가운데를 축과 연결해야 한다.

그런데 자동차, 트럭, 삼륜차, 유모차 혹은 기차가 아래위로 덜컹거리면서 춤추게 하지 않으려면 바퀴의 중심과 땅바닥과의 거리가 항상 같아야 한다. 그래서 원이 필요한 것이다.

원은 중심과 가장자리까지의 거리가 같은 유일한 도형이기 때문이다.

그런데 지일모는 재미있게도 땅바닥과 정확하게 같은 거리에 있는 '중심'이 없다. 바퀴를 지일모로 만들지 않는 것도 바로 이 때문이다. 물론 이게 중요한 이유는 아니다. 제일 중요한 이유는 원은 쉽고 편하게 움직이지만 지일모는 고통이 따르기 때문이다.

정다면체의 비밀

이제 다면체에 대해 이야기할 시간이 왔다. 별로 재미있을 것 같지 않은 이름이지만 그냥 넘어가서는 안 된다. 정다면체를 제대로 보지 못하고 넘어간다면 큰 즐거움을 놓치게 될 것이다(나이 든 사람에게 물어보면 모두 고개를 끄덕이면서 사실이라고 말할 것이다).

정다면체는 수학에서 중요한 위치를 차지하고 있다. 이것은 5개밖에 안 되는데, 모두 특별 클럽에 소속되어 있다.

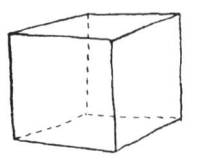

입방체(혹은 정육면체)
정사각형으로 된 면 6개
꼭짓점 8개
면과 면이 만나는 선인 모서리 12개

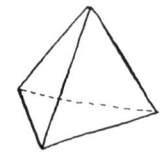

사면체
정삼각형으로 된 면 4개
꼭짓점 4개
모서리 6개

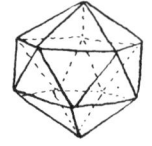

20면체
정삼각형으로 된 면 20개
꼭짓점 12개
모서리 30개

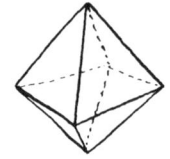

8면체
정삼각형으로 된 면 8개
꼭짓점 6개
모서리 12개

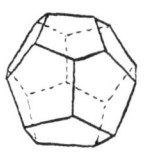

12면체
정오각형으로 된 면 12개
꼭짓점 20개
모서리의 개수는?

정다면체 클럽에 들어가기 위한 규칙 :
1. 모든 면이 정다각형일 것.
2. 모든 면이 정확하게 같은 크기와 모양일 것.
3. 꼭짓점에 접해 있는 면의 개수가 모두 같을 것.
4. 운동화를 신고 있지 않을 것.

이런, 미안하군. 자네는 운동화를 신고 있잖아. 게다가 규칙 3번을 봐. 자네는 바깥쪽에 있는 꼭짓점은 3개의 면이 만나고 있지만 안쪽에 있는 꼭짓점은 6개의 면이 만나잖아.

그럼 여기서 몇 가지 단어의 뜻을 살펴보자.
● 면이란 입방체에서 평평한 부분을 말한다.
● 정점이란 수학자들이 입방체의 꼭짓점을 부르는 말이다. 그러니까 혹시 수학 좀 한다는 사람이 주방에서 미끄러져 얼굴을 싱크대 모서리에 부딪히면, 병원에 갔을 때 꼭 이렇게 말하라고 알려 줘야 한다. "방금 코를 정점에 부딪혔어요".

라고. 그러면 여러분에게 무척 고마워할 것이다.
- 변은 입방체에서도 그대로 변이다. 2개의 면이 만나는 선으로 2개의 정점 사이에 있다. 혹은 2개의 꼭짓점 사이에 있다고 해도 된다.

정다면체 클럽으로 다시 돌아가 보면, 면이 삼각형으로 이루어진 경우가 셋, 정사각형으로 된 게 하나, 그리고 나머지 하나는 정오각형으로 되어 있다. 그러니까 다른 정다각형으로는 정다면체 클럽에 들어갈 수 없다는 말이다. 예를 들어 팔각형을 이리저리 붙여서 재미있는 입방체를 만든다고 하자. 하지만 이건 그냥 낡아빠진 낙하산처럼 보일 뿐이다.

놀라운 오일러의 정리

어떤 종류의 입방체이든 곡선으로 된 변이나 면이 없는 한 이렇게 말할 수 있다.

면의 수 + 정점(꼭짓점)의 수 = 변의 수 + 2.

정육면체를 예로 들어 보면 면의 수 6 + 정점(꼭짓점)의 수 8 = 변의 수 12 + 2. 진짜 맞잖아! 그럼 12면체에 변이 몇 개나 되는지 알 수 있을까? 그림을 보고 변의 개수를 계산해 보자.

오일러의 정리는 모서리를 잘라 내거나 갖다 붙여도 들어맞는다. 이걸 한번 해 보자.

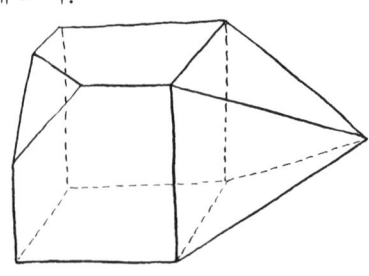

정다면체는 무엇과 관련이 있을까?

정다면체가 5개밖에 없다는 것은 수천 년 전부터 알려진 사실이지만 왜 그런지는 아무도 몰랐다. 너무 신비로워서 다들 뭔가 아주 놀라운 비밀과 상관이 있을 거라고 생각했다. 예를 들면 바다의 파도나 음악, 고대의 신이나 우주 전체 등등.

이쯤에서 상상을 해 보자. 우리가 만약 2400년을 거슬러 올라가 그리스 아테네에 있다고 말이다. 그곳에서는 플라톤이 아주 어려운 문제를 가지고 계속해서 고민하며 시간을 보내고 있었다. 플라톤은 머릿속에서 세상을 완전히 분리했다가 다시 짜 맞추기도 했는데, 다른 사람들은 축구를 하거나 음악을 듣거나 영화를 보러 가는 대신 과연 플라톤이 어떤 결론을 낼까 궁금해하며 지켜보았다. 플라톤은 이 5개의 신비한 정다면체에 대해 알고 있었으며, 어떻게 하면 자신의 규칙에 맞게 할지 가위와 풀을 가지고 밤새 고민했다.

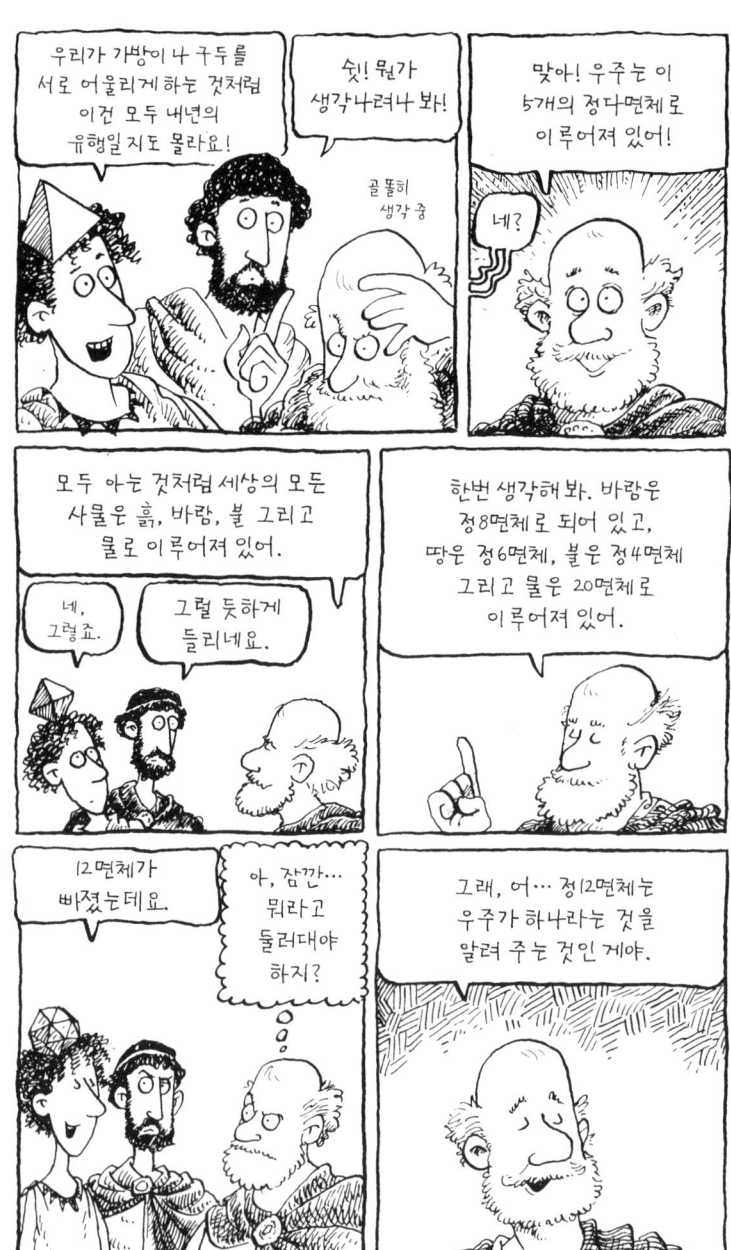

이 생각은 크게 히트를 쳐서 사람들은 5개의 정다면체를 '플라톤의 입체'라고 불렀다. 결국 이것은 몇 가지 면에서는 자연과 맞는 것으로 나타났다. 순수한 소금의 결정체는 정6면체이며 완벽한 다이아몬드는 정8면체이기 때문이다.(각각의 물질이 불, 바람, 흙, 물로 이루어져 있지 않고 다양한 원자로 되어 있다는 것을 알게 된 사람들은 분명히 실망했을 것이다. 하지만 바지가 바람과 불로 되어 있다고 생각해 보자…… 어때, 정말 웃기지?)

플라톤이 세상을 떠난 지 수천 년 뒤 요하네스 케플러는 5개의 정다면체에 대해 전혀 다른 생각을 했다. 케플러의 생각을 이해하려면 눈을 감고 상상을 해야 한다.

잠깐! 아직 눈을 감으면 안 된다. 무엇을 상상해야 하는지 모르니까 말이다. 휴우, 다행이군!

케플러는 뛰어난 천문학자였지만 당시에는 6개의 행성만 발견된 상태였다. 수성, 금성, 지구, 화성, 목성 그리고 토성. 케플러는 정다면체가 왜 5개밖에 없는 걸까 고민을 하다가 문득 이런 생각을 하게 되었다. 우주에 행성이 6개밖에 없다면 그 사이에 있는 우주 공간은 5개임이 분명하다고 말이다.

물론 이건 생각만큼 간단한 일이 아니다. 행성은 각자 태양으로부터 떨어진 거리가 다르고 태양 주위를 도는 속도도 다르기 때문에, 마치 행성이 일렬로 서 있는 것처럼 행성과 행성 사

이의 거리를 잴 수는 없었다.

결국 케플러는 이런 제안을 했다.

- 한가운데에 태양이 있다고 생각해 보자.
- 태양 주위에는 커다란 구(공 모양)가 있는데 구의 가장자리에 선이 하나 그어져 있다. 그리고 그 선은 수성이 지나는 길이다.

- 수성의 구 바깥쪽에는 정8면체가 있는데 정8면체의 모든 면은 구의 바깥쪽과 만난다. 그리고 정8면체 밖에는 조금 더 큰 구가 있는데 이 구는 정8면체의 모든 꼭짓점과 만난다. 이 구에도 역시 선이 하나 그어져 있는데 이것은 금성이 지나가는 길이다.
- 금성의 구 바깥에는 20면체가 있으며, 20면체 밖에는 좀 더 큰 구가 있고, 이 구에는 지구가 지나는 길이 표시되어 있다.
- 지구의 구 바깥에는 12면체가 있으며, 바깥에는 조금 더 큰 구가 있고, 이 구는 화성의 구이다.
- 다음은 정4면체로, 화성의 구 바깥쪽을 둘러싸고 있다. 그리고 그 바깥에는 그보다 큰 목성의 구가 있다.
- 마침내(어때, 머릿속이 엉망진창이지?) 목성의 구 바깥에는 정6면체가 있고, 그 다음에는 토성의 구가 있다.

여러분의 이해를 돕기 위해 토성과 목성이 어떻게 연결되어 있는지 보도록 하자. 토성의 구가 플라스틱 축구공으로 되어 있고 그걸 반으로 잘랐다고 생각해 보자. 그걸 열어 보니 안에 상자 모양의 커다란 정6면체가 들어 있는데, 크기가 축구공에 딱 들어맞는다. 그리고 그 상자 안에는 상자의 크기에 딱 들어 맞는 공이 하나 있다고 생각해 보는 것이다. 물론 그 공은 목성의 구이다.

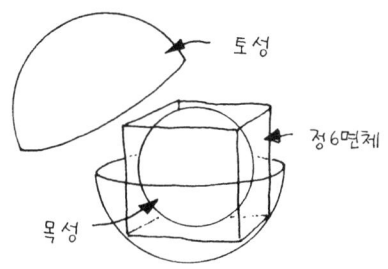

이해가 되지?

케플러의 생각은 옛날이야기와는 거리가 멀어서 사람들을 슬프게 했지만, 대신 행성과 행성이 왜 그렇게 떨어져 있는지 설명해 주고 있다. 그것도 꽤 귀여운 방법으로. 하지만 케플러가 끔찍한 생활을 했다는 걸 생각하면 눈물이 안 나올 수 없다 (행성과 행성의 움직임에 대한 그의 생각은 한참 뒤에야 아주 뛰어나다는 평판을 얻었다). 이것은 나중에 '타원형' 부분에서 다시 볼 수 있다(요하네스 케플러는 마녀재판을 받게 된 어머니를 구하기 위해 돈을 모으려 애쓰다가 굶어 죽었다).

펼친그림 (전개도)

'펼친그림'이란 입체의 모든 면을 그린 다음 잘라서 접으면 원래의 모양으로 돌아가는 것을 말한다.

펼친그림 중에서 제일 쉬운 것으로 정6면체를 들 수 있는데, 여기엔 4가지 방법이 있다. 이 중에서 어떤 것을 선택해도, 잘라서 접으면 정6면체를 만들 수 있다. 자, 그럼 여기서 깜짝 퀴즈를 하나 풀어 볼까? 주사위는 서로 마주 보는 면의 수를 합하면 7이 된다. 아래에 있는 펼친그림 중 주사위가 되는 것은 무엇일까?

답 : 주사위가 되는 것은 a이다. 그리고 정6면체가 될 수 있는 것은 b이다.

자신만의 주사위를 만드는 것도 재미있는데, 지금 '마지막 기회'란 이름의 술집에 가면 더 재미있는 걸 볼 수 있다. 브레트와 리버보트는 그곳에서 밤새 잔인하기로 소문난 '뱀과 사다리'란 주사위 게임을 했는데, 게임의 승패가 이번에 릴이 던지는 주사위에 달려 있다…….

일반적으로는 6면으로 된 주사위가 쓰이지만 4면이나 8면, 12면, 심지어 20면으로 된 주사위도 있다. 물론 이때 각 면은 정다각형이다. 다음은 다양한 주사위의 펼친그림으로, 이보다 조금 크게 그려서 가위로 자르면 특별한 주사위를 만들 수 있다.

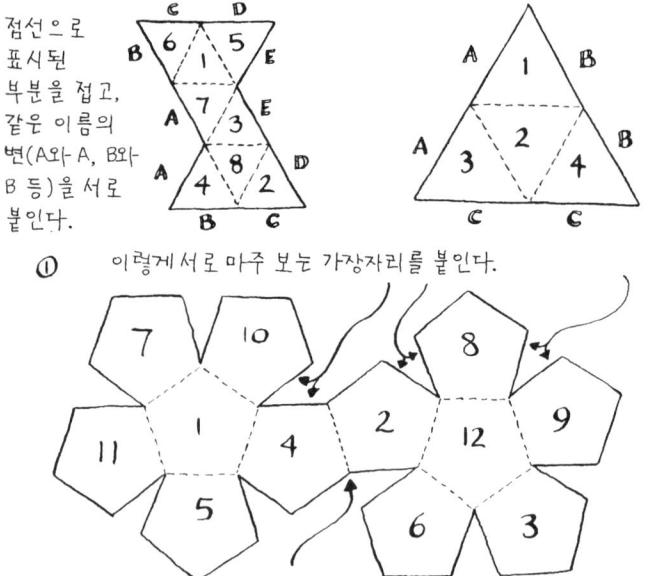

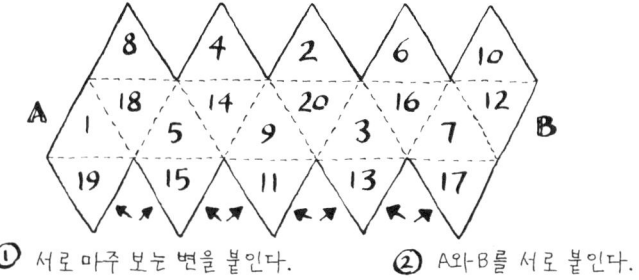

① 서로 마주 보는 변을 붙인다.   ② A와 B를 서로 붙인다.

주의사항 : 정4면체로 된 주사위를 던지면 항상 뾰족한 부분이 위로 오게 놓인다. 따라서 게임을 할 때는 주사위를 유리 테이블 위에 던진 다음 아래로 기어가서 바닥에 있는 숫자가 무엇인지 보아야 한다.

이상한 주사위

면의 수가 짝수인 주사위도 만들 수 있다. 면의 수가 10인 주사위는 이렇게 생겼다.

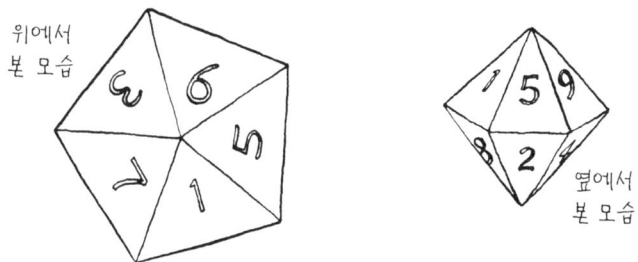

이건 5면체인 피라미드 2개를 서로 붙여 놓은 모양으로, 10개의 삼각형으로 되어 있다. 이때 삼각형이 정삼각형일 수도 있지만 그럴 경우 주사위가 무척 평평해진다. 따라서 일반적으로 그보다 더 키가 크고 날씬한 주사위를 만든다. 그런데 이 주사위는, 왜 정다면체가 아닌지 설명할 수 있는 사람?

> 답 : 아래 위 2개의 꼭짓점 모두 5개의 면과 만나지만 옆에 있는 꼭짓점은 4개의 면과 만나기 때문이다.

이 주사위는 4면체 주사위와 같다. 주사위를 던지면 꼭짓점이 위로 올라가므로, 일일이 바닥의 숫자가 무엇인지 보아야 한다. 그런데 진짜로 끝내 주는 여러분만의 주사위를 만들고 싶다고? 그럼 34면으로 된 건 어때? 이걸 만들려면 17면으로 된 피라미드를 2개 만들어서 서로 붙이면 된다. 여러분이 부루마블 게임을 하면서 다른 사람의 호텔을 윙 하고 지나간다면 정말 근사하겠지?

조그 행성의 달

조그 행성에는 이상하게 생긴 달이 2개 있다. 틴즉스는 4면체로 되어 있는데 아래에 있는 게 그 표면의 지도이다.

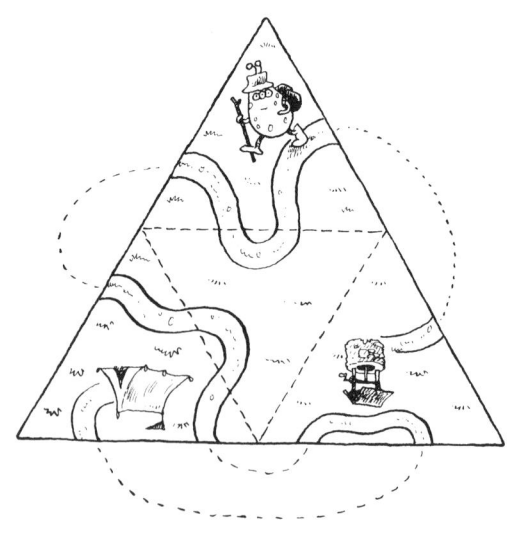

외로운 골락은 휴일에 캠핑을 하기로 하고 우물에 가기 위해 틴즉스의 유일한 통행로를 따라 걸어 내려갔다. 지도를 잘라서 틴즉스의 모형처럼 접어 보면 점선이 어떻게 연결되는지 알 수 있다.

여러분이 상상하는 것처럼 틴즉스에는 탐험가가 쉴 만한 곳이 별로 없었다. 하지만 8면체인 프투온 행성에서는 더 어려웠다.

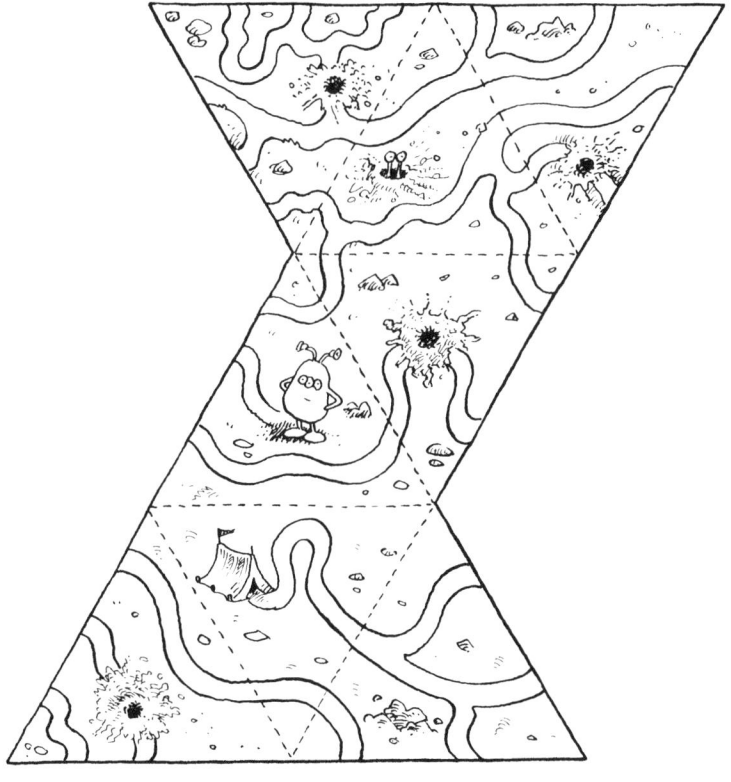

과연 골락이 텐트로 돌아가기 위해서는 어디로 가야 할까? 그것도 별똥별이 떨어진 구멍에 빠지지 않고 말이지. 여러분은

똑똑하니까 지도의 가장자리를 서로 붙일 경우 길을 금방 찾을 수 있다는 사실을 알 수 있을 것이다. 그렇지 않으면 이걸 복사해서 자른 다음 직접 프투온 행성의 모형을 만들어 보는 방법도 있다. 어쩌면 캠핑을 갈 수 있을 정도로 큰 행성 모형을 만들 수도 있겠지.

멋지고 놀라운 별을 만들자!

기본적인 모양의 별은 누구나 알고 있다. 그럼 그런 별 12개가 3차원으로 얽혀 있는 모습은 어떨까? 궁금하다고? 바로 이렇게 생겼다.

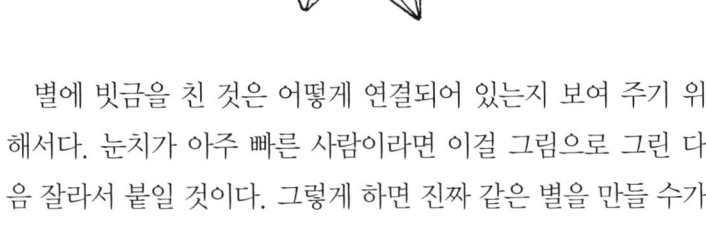

별에 빗금을 친 것은 어떻게 연결되어 있는지 보여 주기 위해서다. 눈치가 아주 빠른 사람이라면 이걸 그림으로 그린 다음 잘라서 붙일 것이다. 그렇게 하면 진짜 같은 별을 만들 수가 있다.

12면체의 펼친그림을 이용해서 별을 만들어 보자.

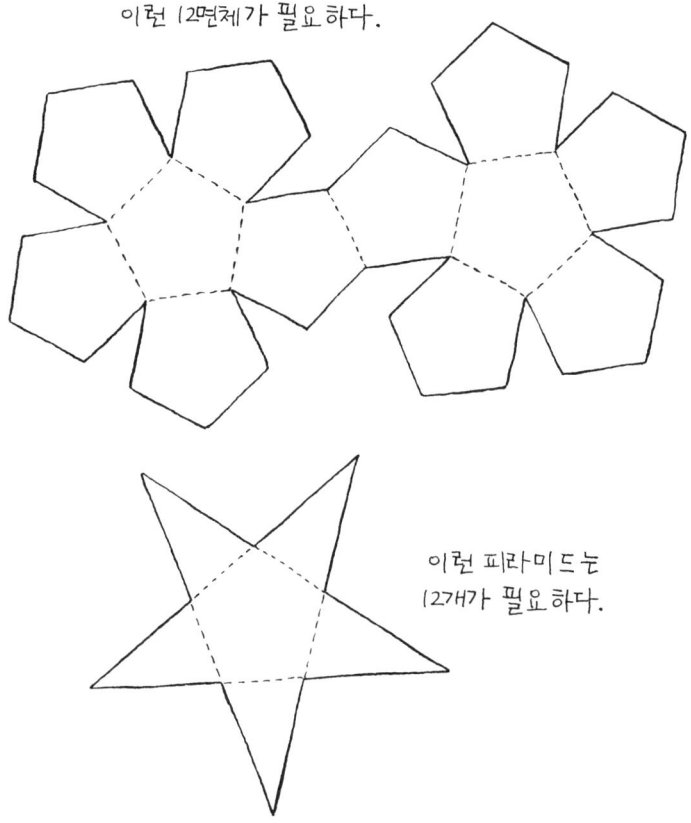

우선 여기 있는 펼친그림을 크게 복사하자. 피라미드는 12개 복사해야 한다.
- 복사한 펼친그림을 잘라서 12면체와 피라미드를 만든다.
- 피라미드 12개를 정확하게 12면체의 각 면에 붙인다.
- 12가지 다른 색깔의 색연필(혹은 물감)로 별을 색칠한다(각각의 피라미드에는 5가지 색깔을 써야 한다).

시간이 좀 걸리긴 하겠지만 마침내 아주 멋지고 놀라운 별이 만들어질 것이다.(우리의 삽화가인 필립 리브 씨는 식은 죽 먹기라고 말했지만 결국엔 구조대가 출동해서 식탁에 붙어 있는 리브 씨를 떼어내야만 했다. 리브 씨는 그 뒤에도 한동안 머리와 등이 피라미드에 붙어 있는 줄 착각했다고.)

타원형과 방황하는 별들

사람들은 타원형에 대해 수천 년 전에 이미 알고 있었다. 하지만 한 가지 풀리지 않는 수수께끼가 있었다.

타원형은 그냥 원이 찌그러진 것일까?

《도형이 도리도리》 연구팀에서는 이 중요한 문제를 풀기 위해 실험을 하기로 했다. 그럼 어떤 실험인지 보자.

이제 원을 찌그러뜨려서는 타원을 만들 수 없다는 걸 알게 됐다. 25쪽에서 보았던 호를 생각해 보면 결국 원은 중심으로부터의 거리가 같은 타원이라는 걸 알 수 있다. 그리고 재미있는 것은 이것이다. 타원형은 2개의 중심점이 있는 원과 같다.

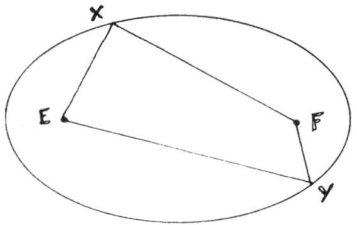

먼저 알아야 할 것은 중심점들이 가운데에 있지 않다는 것이다. 그래서 중심점 대신 초점이라고 한다. 초점을 영어로 하면 포커스(focus)인데 포커스가 2개일 때는 포사이(foci)라고 한다. 물론 이건 몰라도 된다. 여기에서는 타원의 초점을 E와 F라고 하자.

이때 타원에서 아무 곳이나 골라서 각 초점과의 거리를 재면, 두 거리의 합은 언제나 같다. X와 Y, 이렇게 2개의 점을 골랐다면 EX+FX는 EY+FY와 같다.

아니. 계란은 한쪽 끝이 다른 쪽보다 뾰족하기 때문에 타원이 아니다. 그러니까 계란을 갖고 수학 실험을 할 생각은 하지 말자.

타원의 측정(어려운 부분)

〈앗! 시리즈〉에는 모두 어려운 부분이 있다. 그러니 선생님이나 고모나 이모에게 가서 "보세요. 이게 모두 쓰레기는 아니에요. 이 책에서는 소중한 경험을 배울 수 있다니까요."라고 말해도 된다.

이 어려운 부분을 이해하지 못하더라도 이 부분을 펼친 다음 가운데를 눌러서 평평하게 만들자. 그러고는 책을 들어서 바닥에 떨어뜨리면 이 부분이 펼쳐질 것이다. 그럼 사람들은 이 부분이 여러분이 제일 좋아하는 부분이며, 여러분이 천재라고 생각할 것이다. 그럼 다시 본론으로 돌아가서……

원을 그릴 때는 반지름, 이거 하나만 재면 된다. 하지만 타원에서는 2개를 재어야 한다. 하나는 이게 얼마나 큰지, 또 다른 하나는 얼마나 뚱뚱한지 하는 것이다. 다음 그림을 보자.

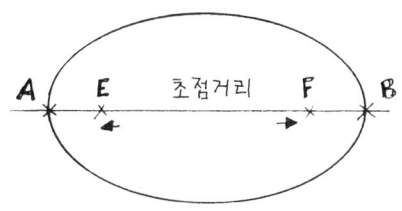

얼마나 큰지는 초점 사이의 거리를 재면 알 수 있다. 이건 무척 쉽다. 그림에서는 EF. 얼마나 뚱뚱한가 하는 것은 조금 어렵다. 이것을 전문용어로 이심률이라고 한다. 이심률을 알려면 AB를 재어야 한다. 그런 다음 EF를 AB로 나누는 것, 즉 EF/AB를 하는데 이게 바로 이심률이다. AB는 EF보다 항상 기니까.(타원의 바깥에 초점을 둘 수는 없다. 중심이 바깥에 있는 원이 말이 안 되는 것처럼 말이지.) 이심률은 항상 1보다 작다.

계산 걱정은 하지 않아도 된다. 중요한 것은 이심률이 클수록 타원이 길고 가늘어진다는 것이다. 반대로 이심률이 아주 작으면 타원은 둥글고 뚱뚱해진다. 만약 2개의 초점이 서로 겹쳐져 있으면 거리는 0, 따라서 이심률 역시 0이 된다. 그것은 더 이상 뚱뚱하고 둥글어질 수 없는 타원, 즉 원이 된다.

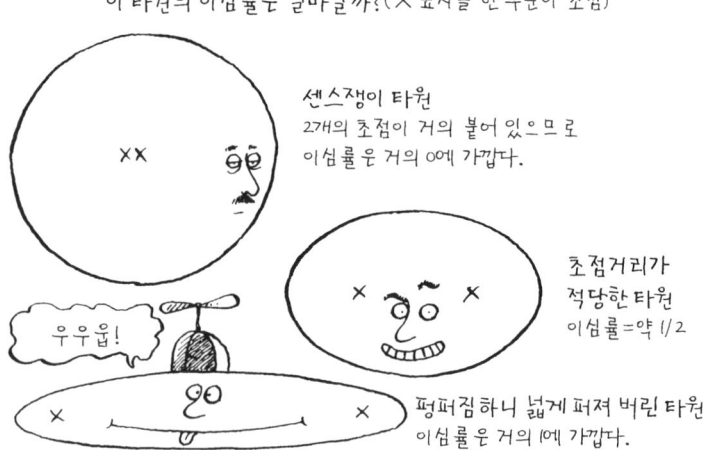

이 타원의 이심률은 얼마일까?(× 표시를 한 부분이 초점)

센스쟁이 타원
2개의 초점이 거의 붙어 있으므로
이심률은 거의 0에 가깝다.

초점거리가
적당한 타원
이심률=약 1/2

우우웁!

펑퍼짐하니 넓게 퍼져 버린 타원
이심률은 거의 1에 가깝다.

어려운 부분은 이제 끝났다. 그러니 거울에 자신을 비춰 본 뒤 얼마나 똑똑하고 멋진 사람인지 확인해 보자.

완벽한 타원 그리기

- 자를 버리고 망치와 못 2개를 가져온다.
- 컴퍼스에는 눈길도 주지 말고 적당한 길이의 실을 준비한다.
- 엄마나 아빠가 아끼는 앤티크 탁자에서 멀리 떨어져서 흠집을 마구 내도 되는 낡은 작업대로 간다.

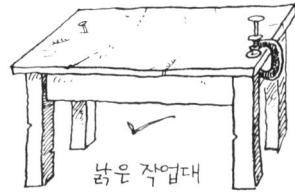
낡은 작업대

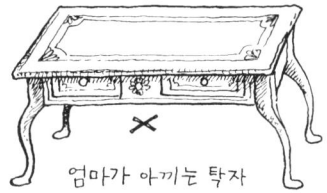
엄마가 아끼는 탁자

종이를 작업대 위에 놓고 그 위에 못 2개를 박는다. 못 2개를 헐렁하게 감을 수 있게 줄을 묶어서 고리 모양으로 만든다. 연필의 심 부분을 고리 안에 건 다음 옆으로 잡아당겨서 줄을 팽팽하게 만든다. 이제 줄을 팽팽하게 유지한 채 연필을 이리저리 원을 그리며 움직인다. 그러다 보면 어느새⋯⋯ 타원이 만들어져 있다!

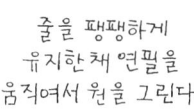
줄을 팽팽하게
유지한 채 연필을
움직여서 원을 그린다.

2개의 못은 타원, 줄은 연필에서 두 초점까지의 거리를 뜻한다. 물론 줄의 길이는 항상 같다. 그런데 만약 2개의 못이 같은 위치에 박히면 어떻게 될까? 이건 초점이 서로 겹친다는 말로, 연필을 주위로 움직여 보면 앞에서 말한 것처럼 원이 나온다는 걸 알 수 있다.

타원 접기

말도 안 된다고? 하지만 사실이다!

- 커다란 종이 원을 오린다.
- 원 안에 아무 데나(하지만 중심은 안 된다) 작은 × 표시를 한다.
- 원의 가장자리(원둘레)가 ×에 닿도록 종이를 접어서 금을 만든다.
- 가장자리의 다른 부분이 ×에 닿도록 계속해서 종이를 접는다.
- 그렇게 하면 결국 종이 가운데에 타원이 나타날 것이다. 이렇게.

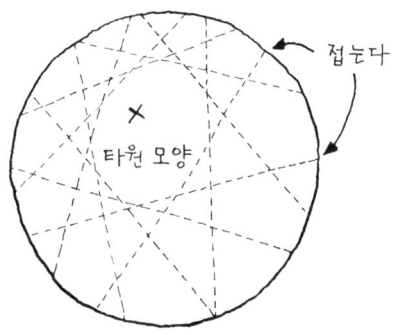

물로 타원 만들기

이건 무척 쉽다. 하지만 별로 쓸모가 없다. 둥근 컵에 물을 따른 다음 살짝 기울인다. 그러면 물의 표면이 타원 모양이 될 것이다(컵을 바로 세웠을 경우엔 옆에서 보면 타원이 보인다).

타원 파헤치기

타원의 성격에 대한 연구는 수도 없이 많지만 여기서는 몇 가지만 살펴보자.

타원 모양의 방

타원 모양의 바닥과 가장자리에는 단단한 벽이 있는 방에 들어갔다고 생각해 보자. 여러분은 한쪽 초점에 서 있고, 빙키는 반대편에 서 있다. 여러분이 아무 방향으로나 공을 던지면 그 공은 휘어져 있는 벽에서 튕겨 나와 곧장 빙키에게 갈 것이다. 뒤로 던져도 같은 일이 일어난다!

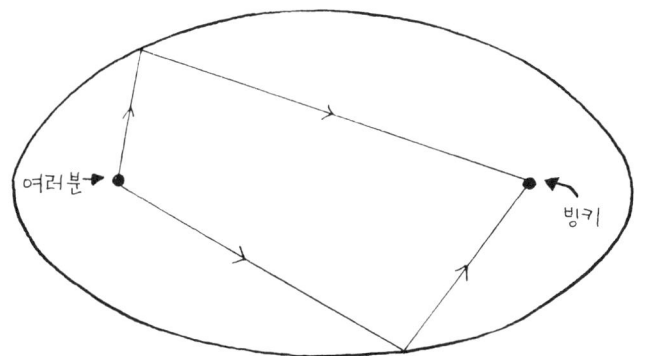

놀랍게도 이건 타원이 어떤 모양이든(뚱뚱하든 날씬하든) 상관없으며 공을 어디에 던지더라도 상관없다. 타원 모양으로 서 있는 벽이 한쪽 초점에서 반대쪽 초점으로 공을 튕겨 낼 뿐이다!

한 가지 조심할 것은 빙키에게 튕겨 가는 게 공이 전부가 아니란 사실이다. 만약 혼자 몰래 작은 소리로 빙키의 흉을 보면 벽이 그 소리를 고스란히 튕겨서 빙키에게 전해 준다. 그러면 빙키는 여러분이 뭐라고 했는지 정확하게 알게 된다. 못 믿겠다고? 좋아, 그러면 잠깐 칼을 들고 여기를 보자.

속삭이는 방

전 세계에는 타원 효과를 이용한 건물이 여러 개 있는데 그 중에서 제일 유명한 것은 런던에 있는 세인트 폴 성당이다. 돔의 안쪽이 타원 모양이며 초점을 곧장 지나갈 수 있는 보행로가 놓여 있다. 만약 커다란 칼이 있어서 돔을 절반으로 나누어 본다면 이런 모양이 될 것이다.

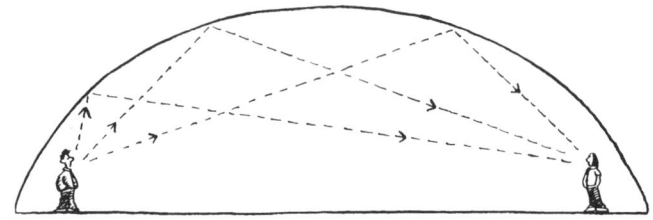

이것은 한쪽 초점에서 나온 음파(소리의 파장)가 모두 반대쪽 초점으로 가기 때문이다. 만약 반대쪽에서 누군가 작은 소리로 속삭이면 30미터 떨어진 곳에서도 그 소리를 들을 수 있다. 그래서 여기를 속삭이는 방이라고 하는 것이다. 어째 좀 으스스한걸?

행성

뭐가 잘못된 것일까?

지구가 태양 주위를 완벽한 원을 그리면서 돈다면 골락족의 계획이 성공했을 것이다. 하지만 그렇지 않다! 앞에서 요하네스 케플러를 만났던 일, 혹시 기억나는지? 그런데 케플러의 놀라운 발견 중에는 지구의 이동 경로를 밝힌 것도 있었다.

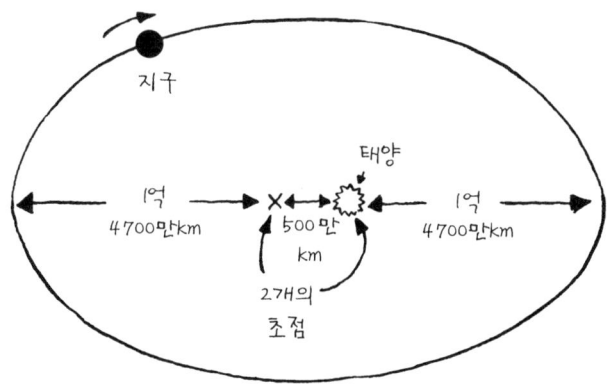

보시다시피 지구는 커다란 타원 모양으로 돌고 있다. 이것은 타원 모양의 지구 궤도를 확대한 것(실제 지구의 궤도는 이것보다는 원에 많이 가깝다)으로, 중요한 건 태양이 가운데 있지 않다는 사실이다! 사실 태양은 2개의 초점 중 하나이다. 비록 다른 초점 위치에 아무것도 없지만 말이다. 2개의 초점 사이의 거리는 약 500만km로, 이것은 곧 태양과 지구까지의 거리가 147,000,000km에서 152,000,000km 사이라는 말이다.

다른 행성도 모두 이 타원형의 궤도를 돌고 있다. 그러니 모든 것은 이심률에 달려 있다. 지구의 이심률은 0.017이다. 이심률이 참 겸손하군.

● 금성과 해왕성의 궤도는 지구보다 더욱 원에 가까워서, 금

성의 이심률은 0.007 그리고 해왕성의 이심률은 0.009이다. 이거, 너무 겸손한데?
- 수성의 궤도는 좀 더 타원에 가깝다. 이심률은 0.206이며, 태양과의 거리는 46,000,000km에서 70,000,000km 사이이다. 이 말은 수성에서 캠핑을 할 경우, 다른 날보다 유난히 태양이 크게 보이는 날이 있다는 것!
- 혜성은 커다랗고 지저분한 얼음덩어리로 위이잉 소리를 내며 태양 주위를 돌아다니는데 다시 돌아오기까지 200~300년이 걸린다. 혜성의 궤도 역시 타원형이지만 이심률이 1에 가까워서 이런 모양이 된다.

옛날 그리스 사람들은 밤하늘에 반짝이는 것을 모두 별이라고 생각했다. 그러다가 대부분의 별이 같은 모양으로 떠 있는 반면, 돌아다니는 것처럼 보이는 별이 있다는 것을 알게 되었다. 그래서 그런 별을 '방랑하는 별'이라고 불렀다. 방랑자를 그리스어로 플라네테스(Planetes)라고 하는데, 영어로 행성을 플래닛(Planet)이라고 하는 것도 이 때문이다.

어때, 정말 좋은 책이지? 수학뿐만 아니라 천문학과 고대 그리스 문화에 대한 것까지 배울 수 있으니. 그것도 아무런 추가 비용도 내지 않고 말이지.

피타고라스, 증명해!

정말 부끄러운 일이다. 또다시 우리는 〈앗! 시리즈〉 책의 끝에 이르게 되었지만 아쉽게도 더 멋지고 놀랍고 괴상한 사실들이 많이 남아 있다. 물론 다른 과목처럼 수학 또한 지루한 면이 있다. 그래서 몇 페이지 남지 않은 지금 그 오랜 세월 동안 우리에게 슬픔을 안겨 준 사람에게 복수를 하려고 한다. 혹시 이 책을 처음에 어떻게 시작했는지 기억하는 사람? 자, 다시 한 번 7, 35 그리고 43번 단추를 눌러서 비밀의 금고 속을 들어가자. 순수 악과 만날 준비를 하고 말이지…….

이제 정말 시간이 되었다. 지난 2500년 동안 수학 팬들은 피타고라스가 만든 정리 때문에 끔찍한 계산과 냄새 나는 시험문제를 풀어야만 했다. 피타고라스의 정리는 다음과 같다.

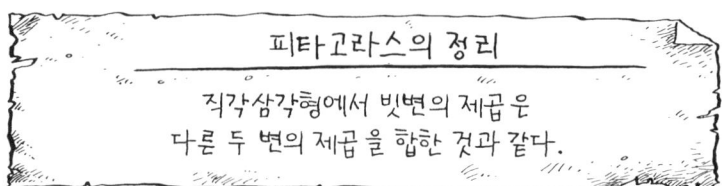

허걱! 무서워진 여러분은 급히 달려 나가 머리를 베개 밑에 파묻고, 마치 피타고라스가 거기 없는 것처럼 했다. 하지만 그는 거기 있었다. 그리고 여러분은 마침내 피타고라스에게 질문을 하게 되었다. 2500년 동안 무시무시한 수학의 비극을 가져온 그가 과연 어떻게 변명하는지 보기 위한 것이었다. 이제 전극을 붙이고 스위치를 켤 시간이……

벌레는 피타고라스를 별로 먹지 않았다. 따라서 우리는 남자가 회복할 수 있는 시간을 1분 준 다음 대답을 들었다. 그러는 동안 우리는 그의 파일을 체크했다.

이름 : 피타고라스
주소 : 약 2600년 전에 고대 그리스에서 태어났으며, 지금의 이탈리아 남부에 해당되는 곳에서 살았다.
직업 : 천재
팬 : 수천 명의 제자와 추종자들
취미 : 천문학, 음악, 수 연구
좋아하는 것 : 짝수, 홀수, 소수, 삼각수, 별 그리고 행성
싫어하는 것 : 콩 그리고 숫자로 할 수 없는 것은 뭐든지

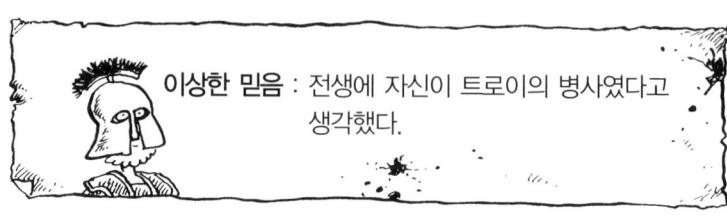

이상한 믿음 : 전생에 자신이 트로이의 병사였다고 생각했다.

여기에는 그가 살인자이기도 했다는 사실이 교묘하게 빠져 있다. 하지만 지루한 상세 부분까지 참고 읽을 수 있다면 도형이 더 도리질하는 내용까지 알 수 있다. 이런, 피타고라스의 귀에서 구더기가 나오기 시작했다. 그러니 어서 그의 정리가 실제로 말하는 게 뭔지 알아보자.

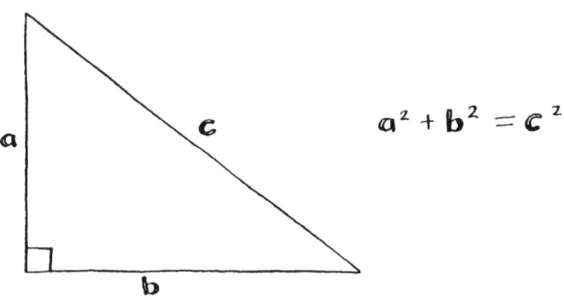

$$a^2 + b^2 = c^2$$

직각삼각형에서 '빗변'이란 직각의 맞은편에 있는 제일 긴 변을 가리키는 참 멋진 단어이다. 그러니까 이 정리에서 말하는 것은 빗변의 길이를 잰 다음 제곱(그러니까 자기 자신으로 곱하는 것)한 값은 다른 두 변의 길이를 제곱한 것을 서로 더한 것과 같다는 것이다. 잠까아아아아안! 차라리 피타고라스를 법정으로 불러오는 게 더 낫지 않을까?

이건 정말 단순해서 언제나 딱 들어맞지. 내가 그 길이를 계산해서 여러분에게 증명해 보이겠습니다.

자, 모두 잠시 숨을 돌리자. 피타고라스 할아버지가 뭔가 보여 주실 생각인 모양이니 느긋한 마음으로 지켜보자.
먼저 할 일은 이런 그림을 그리는 것이다…….

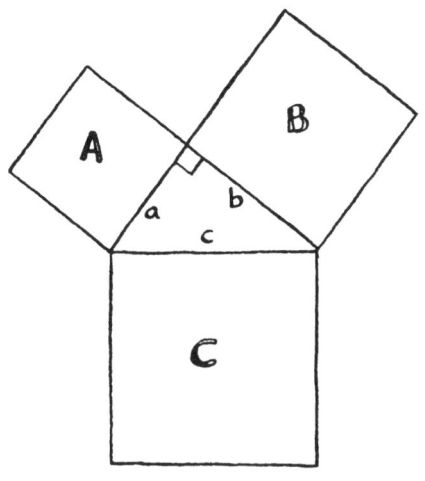

가운데 직각삼각형이 있고, 각각의 변에는 정사각형이 연결돼 있다. 사실 피타고라스의 정리는 이렇게 말할 수도 있다. 두 개의 작은 정사각형 A와 B의 넓이를 합하면 정사각형 C의 넓이와 같다.

정신없군! 하지만 중요한 것만 몇 가지 짚어 보자.

먼저 삼각형 ABC는 직각삼각형으로 각 변에는 정사각형이 이어져 있다. 정사각형의 꼭짓점 네 군데에 모두 작은 직각 표시를 할 수도 있지만 그러면 정말 정신없을 것 같아 생략하기로 했다. 피타고라스가 여기서 증명하려는 것은 2개의 작은 정사각형을 더하면 큰 정사각형이 된다는 것이다.

이걸 증명하기 위해 피타고라스는 꼭짓점A에서 수직으로 선을 내렸다. 이 선을 삼각형을 지나 계속해서 주욱 아래로 내리고 또 내리자 결국엔 큰 사각형의 바닥에 직각으로 닿았다. 이렇게 해서 생긴 직선 AX는 큰 사각형을 둘로 나누었는데 이때 그가 도도하게 고개를 들고는 이렇게 말했다······.

먼저 사각형 PXZC가 사각형 CARS와 넓이가 같다는 것을 보여 드리겠습니다.

피타고라스는 B와 S를 연결하는 직선도 그었는데 이것은 잠시 후에 보자. 그 전에 먼저 그의 말을 정리해 보면······.

- 삼각형 PXC를 본다. 이것은 직사각형 PXZC를 절반으로 나눈 것이다. 이제 삼각형 CRS를 보면 이것은 정확하게 정사각형 CARS의 절반이다. (이걸 이렇게 쓸 수 있다. $\triangle PXC = \frac{1}{2} PXZC$ 그리고 $\triangle CRS = \frac{1}{2} CARS$)
- 피타고라스가 이 2개의 삼각형의 넓이가 같다는 것을 보여 준다면, 직사각형 PXZC 역시 정사각형 CARS와 넓이가 같아야 한다.
- 먼저 삼각형 PXC와 PAC부터 시작하자. 두 삼각형은 둘 다

변PC 위에 있으므로 밑변의 길이가 같다. 또한 AX와 PC가 평행이므로 높이가 같다. 따라서 두 삼각형의 넓이는 같다!(△PXC=△PAC)

- 이제 삼각형 PAC와 CBS를 보자. 두 삼각형만 따로 떼어내서 그리면 아래 그림과 같다. 이해하기 쉽도록 각각 삼각형 ABC와 함께 그려 보았다.

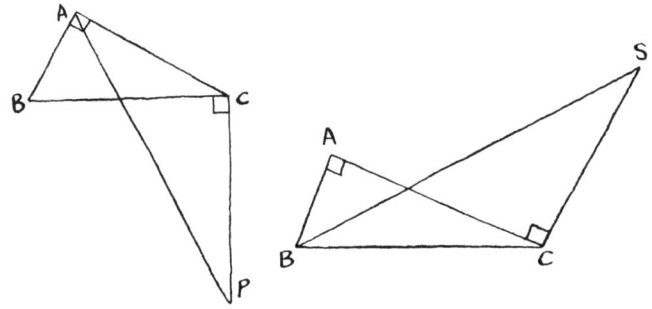

- 변PC와 변CB는 둘 다 정사각형 CBQP에서 나온 것이므로 길이가 같다.
- 변CA와 CS는 정사각형 ACSR에서 나온 것이므로 둘 다 길이가 같다.
- 삼각형 ACP에서 각C는 둘로 나뉜다. 큰 각은 직각(정사각형의 각이므로)이고 작은 각은 오른쪽 직각삼각형의 각C와 같다.
- 이제 삼각형 BCS의 각C를 보자. 각C도 역시 둘로 나뉜다. 큰 각은 직각이고 작은 각은 왼쪽 직각삼각형의 각C와 같다. 따라서 첫 번째 삼각형의 ∠ACP와 두 번째 삼각형의 ∠BCS는 같은 크기이다.
- 이것은 2개의 삼각형 ACP와 BCS의 두 변이 같고, 두 변 사

이의 각도 같다는 것을 말한다. 증거 A를 찾아보면……

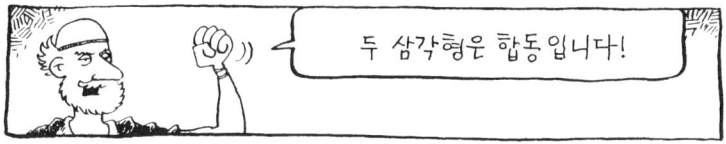

휴우!

어디까지 했더라? 아, 맞다. △PXC=△PAC까지 말했지? 자, 이제 우리는 삼각형 PAC가 삼각형 BCS와 합동임을 알았다. 이것은 둘의 넓이가 같고, 따라서 삼각형 PXC와 BCS의 넓이도 같다는 것을 뜻한다. 드디어 마지막 부분이다…….

- 164쪽에 있는 삼각형 BCS와 CRS를 보자. 아마 여러분은 이미 어떻게 증명할지 알 테니 간단하게 정리만 해 보자. 중요한 것은 A에 있는 2개의 각이 모두 직각이므로 RAB가 직선이라는 것. 그리고 RAB는 변 CS와 평행이라는 것. 삼각형 BCS와 CRS는 밑변과 높이가 같으므로 넓이가 같다. 따라서 삼각형 CRS 또한 삼각형 PXC와 넓이가 같다. 따라서……

피타고라스는 큰 직사각형이 변AC에 연결되어 있는 정사각

형과 넓이가 같다는 것을 증명했다. 이제 그는 직사각형 QXZB가 작은 정사각형과 넓이가 같다는 것을 증명해야 한다. 하지만 설명하는 방식은 조금 전과 정확하게 같다! 따라서 그걸 모두 줄줄이 풀어 쓰지 않고 간단하게 수학적 기호로 써 보기로 하자. 그렇게 하려면 먼저 직선AQ와 BU, 그리고 TC가 그려져 있다고 마음속으로 상상해야 한다. 그게 잘 안 되면 직접 연필로 선을 그어도 된다. 그럼 시작해 볼까?

△QXB=$\frac{1}{2}$QXZB 그리고 △BUT=$\frac{1}{2}$BTUA
- △QXB=△QAB(2개의 삼각형은 밑변이 같고 높이도 같으므로)
- △QAB=△BCT(두 삼각형은 합동이다)
- △BCT=△BUT(밑변과 높이가 같으므로)
- 따라서 QXZB의 넓이=BTUA의 넓이

드디어 다 했군! 피타고라스는 큰 사각형에 수직선을 그어 둘로 나눌 경우, 하나는 첫 번째 정사각형, 다른 하나는 두 번째 정사각형과 넓이가 같다는 것을 보여 주었다.

그리고…… 큰 정사각형의 넓이는 그보다 작은 2개의 정사각형을 합한 것과 같았다.

앗, 시리즈 (전 70권)

수많은 교사와 학생들이 한눈에 반한 책.

전 세계 2천만 독자의 인기를 독차지한 〈앗, 시리즈〉는 수학에서부터 과학, 사회, 역사까지, 공부와 재미를 둘 다 잡은 똑똑한 학습교양서입니다.

수학
01 수학이 모두 모여 수군수군
02 수학이 수리수리 마술이
03 수학이 수군수군
04 수학이 또 수군수군
05 수학이 자꾸 수군수군 1. 셈
06 수학이 자꾸 수군수군 2. 분수
07 수학이 자꾸 수군수군 3. 확률
08 수학이 자꾸 수군수군 4. 측정
09 대수와 방정맞은 방정식
10 도형이 도리도리
11 섬뜩섬뜩 삼각법
12 이상야릇 수의 세계
13 수학 공식이 꼬물꼬물
14 수학이 꿈틀꿈틀

과학
15 물리가 물렁물렁
16 화학이 화끈화끈
17 우주가 우왕좌왕
18 구석구석 인체 탐험
19 식물이 시끌시끌
20 벌레가 벌렁벌렁
21 동물이 뒹굴뒹굴
22 화산이 왈칵왈칵
23 소리가 속닥속닥
24 진화가 진짜진짜
25 꼬르륵 뱃속여행
26 두뇌가 뒤죽박죽
27 번들번들 빛나리
28 전기가 찌릿찌릿
29 과학자는 괴로워?
30 공룡이 용용 죽겠지
31 질병이 지끈지끈
32 지진이 우르쾅쾅
33 오싹오싹 무서운 독
34 에너지가 불끈불끈
35 태양계가 티격태격
36 튼튼탄탄 내 몸 관리
37 똑딱똑딱 시간 여행
38 미생물이 미끌미끌
39 의학이 으악으악
40 노발대발 야생동물
41 뜨끈뜨끈 지구 온난화
42 생각번뜩 아인슈타인
43 과학 천재 아이작 뉴턴
44 소름 돋는 과학 퀴즈

사회·역사
45 바다가 바글바글
46 강물이 꾸물꾸물
47 폭풍이 푸하푸하
48 사막이 바싹바싹
49 높은 산이 아찔아찔
50 호수가 넘실넘실
51 오들오들 남극북극
52 우글우글 열대우림
53 올록볼록 올림픽
54 와글와글 월드컵
55 파고 파헤치는 고고학
56 이왕이면 이집트
57 그럴싸한 그리스
58 모든 길은 로마로
59 아슬아슬 아스텍
60 잉카가 이크이크
61 들썩들썩 석기 시대
62 어두컴컴 중세 시대
63 쿵쿵쾅쾅 제1차 세계 대전
64 쾅쾅탕탕 제2차 세계 대전
65 야심만만 알렉산더
66 위풍당당 엘리자베스 1세
67 위엄가득 빅토리아 여왕
68 비밀의 왕 투탕카멘
69 최강 여왕 클레오파트라
70 만능 천재 레오나르도 다 빈치

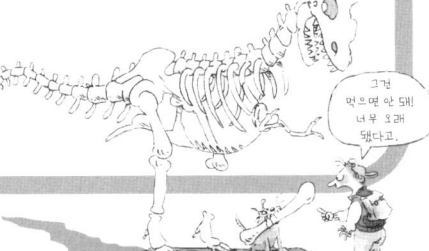

전 세계 2천만 독자가 함께 읽는
<앗, 시리즈>